Militärische Abzeichen

der Deutschen Demokratischen Republik

Militärische

Klaus Feder · Jürgen Wagner · Ralf Swoboda

Abzeichen

der Deutschen Demokratischen Republik

Militärverlag
der Deutschen Demokratischen Republik

Feder, Klaus:
Militärische Abzeichen der Deutschen Demokratischen
Republik/von Klaus Feder; Jürgen Wagner; Ralf Swoboda. –
1. Aufl. – Berlin: Militärverlag der DDR, 1988. – 84 S. : 337 Ill.

ISBN 3-327-00523-0

1. Auflage
© Militärverlag der Deutschen Demokratischen Republik
(VEB) – Berlin, 1988
Lizenz-Nr. 5
Printed in the German Democratic Republic
Lichtsatz: Karl-Marx-Werk Pößneck V 15/30
Druck und buchbinderische Weiterverarbeitung:
Sachsendruck Plauen
Zeichnungen: Ralf Swoboda
(Trageweise der Auszeichnungen: Uta Feder)
Lektor: Egon Krenz
Gesamtgestaltung: Rosemarie Lebek
Redaktionsschluß: 1. Juni 1987
LSV: 0547
Bestellnummer: 747 0296
01850

INHALTSVERZEICHNIS

VORWORT	7
1. DIE MILITÄRISCHEN AUSZEICHNUNGEN IN ABZEICHENFORM	9
Leistungsabzeichen	9
Dienstlaufbahnabzeichen	12
Klassifizierungsabzeichen	18
Fallschirmsprungabzeichen	31
Abzeichen „Für große Fahrt"	33
Bestenabzeichen	34
Militärsportabzeichen	38
Schützenschnur	41
Absolventenabzeichen von Lehreinrichtungen	46
Reservistenabzeichen	50
Ehrennadeln	52
2. ZU BESONDEREN ANLÄSSEN HERAUSGEGEBENE ABZEICHEN	54
Jahrestage	54
Manöver und gemeinsame Übungen	57
Sozialistischer Wettbewerb in der NVA	60
Armeesportvereinigung „Vorwärts"	61
Weitere Abzeichen	68
3. ABZEICHEN ZUR PATENSCHAFT DER FDJ ÜBER DIE BEWAFFNETEN ORGANE DER DDR	72
4. MATERIALBESCHAFFENHEIT	77
5. VERZEICHNIS DER ABZEICHEN	78
6. VERZEICHNIS DER ABKÜRZUNGEN	84

VORWORT

Im Mittelpunkt des Buches stehen die militärischen Abzeichen. Mit dieser Zusammenfassung werden neben den in der NVA verliehenen militärischen Abzeichen auch die Abzeichen erfaßt, die in der KVP, in den Grenztruppen der DDR und der Zivilverteidigung verliehen worden sind bzw. noch verliehen werden. Damit wird berücksichtigt, daß heute die Grenztruppen der DDR und die Zivilverteidigung führungsmäßig dem Minister für Nationale Verteidigung unterstellt sind.

Abzeichen sind eine Form der staatlichen oder nichtstaatlichen Anerkennung von Verdiensten oder Qualifikationen. Sie dienen auch zur Dokumentation besonderer Ereignisse. Mit der Aufarbeitung der militärischen Abzeichen in der vorliegenden Form wird ein wertvoller Beitrag geleistet zur Traditionspflege. Sichtbar gemacht werden vor allem die Traditionen der bewaffneten Organe, die Traditionen der Einheit von Volk und Armee sowie die gemeinsamen Traditionen der Vereinten Streitkräfte der Teilnehmerstaaten des Warschauer Vertrages.

Im ersten Teil des Buches werden alle die Abzeichen beschrieben, die in der KVP und in der NVA sowie in den Grenztruppen der DDR und der Zivilverteidigung und deren Vorläufer als Auszeichnung verliehen wurden bzw. werden. Bei einer Vielzahl davon ergaben sich im Laufe der Zeit materialbedingte und stilistische Veränderungen. Diese werden durch knappe Beschreibungen dokumentiert, wobei alle bekannten Varianten einschließlich Muster und Proben erfaßt werden. Damit ist sowohl dem Historiker als auch dem faleristischen Sammler die Möglichkeit gegeben, alle Stücke dem richtigen Zeitpunkt in der Geschichte der bewaffneten Kräfte zuzuordnen.

Im zweiten Teil des Buches werden die Abzeichen beschrieben, die in der NVA, den Grenztruppen der DDR und der Zivilverteidigung zu besonderen Anlässen herausgegeben wurden. Da es sich hierbei bis auf wenige Ausnahmen um Stücke handelt, die nur für einen kurzen Zeitraum Gültigkeit hatten, existieren bei diesen kaum unterschiedliche Varianten. Eine so detaillierte Beschreibung nach faleristischen Gesichtspunkten wie im ersten Teil des Buches erfolgt deshalb bei diesen Stücken nicht, zumal alle Abbildungen des Buches, bis auf wenige Ausnahmen, die Abzeichen in Originalgröße zeigen. Statt dessen wird der jeweilige militärische bzw. militärpolitische Herausgabeanlaß kurz erläutert.

Der dritte Teil dieses Buches befaßt sich mit der Patenschaft der FDJ über die bewaffneten Organe der DDR. An Hand charakteristischer Abzeichen werden die Aktivitäten zur Stärkung der Verteidigungskraft, die untrennbar mit der Geschichte der bewaffneten Organe verbunden sind, dargestellt.

Die Autoren konnten sich bei der Erarbeitung des Buches auf eine umfangreiche Sammlung von militärischen Abzeichen stützen und hatten die Möglichkeit, zahlreiche Dokumente im Original einzusehen.

Alle farbig abgebildeten Stücke liegen als Belegexemplar vor. Dank ist jenen Sammlern zu sagen, die das Entstehen des Buches durch Leihgaben und Ratschläge unterstützten. Gedankt sei dem Armeemuseum der DDR, dem Militärarchiv der DDR, dem Archiv der Verwaltung Militärwissenschaften im Ministerium für Nationale Verteidigung sowie dem VEB Präwema Markneukirchen für die großzügige Unterstützung.

Ein besonderer Dank gilt den für die Herausgabe des Buches zuständigen Mitarbeitern des Militärverlages der DDR sowie dem Gutachter, Herrn Dietrich Herfurth, für helfende Kritik und Unterstützung.

Schließlich sei Ralf Swoboda gedankt, ohne dessen hervorragende, detailgetreue Zeichnungen dieses Buch nicht vorgelegt werden könnte.

Bei dieser Thematik lassen sich Unzulänglichkeiten und selbst Fehler nicht immer vermeiden. Deshalb sind wir für kritische und förderliche Hinweise dankbar.

Strausberg, im Januar 1987   Die Autoren

1. DIE MILITÄRISCHEN AUSZEICHNUNGEN IN ABZEICHENFORM

1.1.1. Leistungsabzeichen der Kasernierten Volkspolizei (1954–1956)

LEISTUNGSABZEICHEN

Leistungsabzeichen der Kasernierten Volkspolizei

Am 1. Juli 1952 wurde auf Beschluß des Ministerrates der DDR die Hauptverwaltung für Ausbildung (HVA) in Kasernierte Volkspolizei (KVP) umgebildet. In Würdigung der Verdienste der Angehörigen der Kasernierten Volkspolizei und der Deutschen Grenzpolizei erließ die Regierung der DDR am 28. Mai 1954 die Verordnung zur Stiftung der „Medaille für treue Dienste in der Kasernierten Volkspolizei", des „Leistungsabzeichens der Kasernierten Volkspolizei" sowie des „Leistungsabzeichens der Deutschen Grenzpolizei". Damit entstanden erstmals in der Geschichte der noch jungen bewaffneten Kräfte der DDR neben Medaillen auch Abzeichen als eine Auszeichnungsform zur Würdigung hervorragender Leistungen. Der Minister des Innern der Regierung der DDR legte im Befehl Nr. 45/54 vom 11. Juni 1954 fest, daß erstmals am 1. Juli 1954, dem Tag der Deutschen Volkspolizei, mit dem Leistungsabzeichen der Kasernierten Volkspolizei Mannschaften, Unteroffiziere, Maate und Offiziere der Kasernierten Volkspolizei und der Kasernierten Einheiten des Ministeriums für Staatssicherheit ausgezeichnet werden können.

Das schildförmige Leistungsabzeichen ist aus Buntmetall, 42 mm hoch und 32,5 mm breit. Über dem Schild sind zwei dreiblättrige Eichenlaubzweige angeordnet. Im Schild befindet sich die vierzeilige Inschrift „KVP FÜR AUSGEZEICHNETE LEISTUNGEN". Anfangs war auf der Rückseite die Verleihungsnummer eingeschlagen. Es wurde bis 1956 verliehen.

Leistungsabzeichen der Deutschen Grenzpolizei

Ab November 1946 begann der Aufbau der Grenzpolizei. Im Dezember 1949 erfolgte die Unterstellung der Hauptverwaltung Grenzpolizei bei der Deutschen Verwaltung des Innern unter die neugeschaffene Hauptabteilung Deutsche Volkspolizei. Am 16. Mai 1952 wurde die Grenzpolizei als Deutsche Grenzpolizei (DGP) dem Ministerium für Staatssicherheit unterstellt und schied damit aus dem Bereich der Deutschen Volkspolizei aus. Am 1. März 1957 entstand das Kommando der Deut-

1.1.2. Leistungsabzeichen der Deutschen Grenzpolizei (1954–1959)

1.1.3. Leistungsabzeichen der Deutschen Grenzpolizei (1959–1962) Seit 1962 als Leistungsabzeichen der Grenztruppen der DDR verliehen

1.1.5. Leistungsabzeichen der Nationalen Volksarmee (1956–1959)

1.1.6. Leistungsabzeichen der Nationalen Volksarmee (seit 1959)

1.1.4. Miniatur des Leistungsabzeichens der Grenztruppen der DDR

schen Grenzpolizei beim Ministerium des Innern.

Nachdem bereits 1953 die Medaille für vorbildlichen Grenzdienst zur Würdigung der Leistungen der Grenzpolizisten gestiftet war, erfolgte am 28. Mai 1954 die Stiftung des Leistungsabzeichens der Deutschen Grenzpolizei. Gemäß Befehl Nr. 47/54 des Ministers des Innern vom 16. Juni 1954 konnten mit dem Leistungsabzeichen der Deutschen Grenzpolizei Mannschaften, Unterführer und Offiziere der Deutschen Grenzpolizei für vorbildliche Pflichterfüllung ausgezeichnet werden. Die erstmalige Verleihung erfolgte am 1. Juli 1954, dem Tag der Deutschen Volkspolizei.

Das Leistungsabzeichen der Deutschen Grenzpolizei hat die Form eines stehenden Ovals, das von einem oben offenen Eichenlaubkranz umgeben ist. Darin befindet sich die vierzeilige Inschrift „DGP FÜR AUSGEZEICHNETE LEISTUNGEN". Es ist aus Buntmetall, 41,5 mm hoch und 34 mm breit. Anfangs befand sich auf der Rückseite die Verleihungsnummer. Das Leistungsabzeichen der Deutschen Grenzpolizei wurde in dieser Form bis 1959 verliehen. Am 22. Januar 1959 bestätigte der Ministerrat der DDR auf der Grundlage der „Verordnung über staatliche Auszeichnungen" vom 2. Oktober 1958 u. a. die „Ordnung über die Verleihung des Leistungsabzeichens der Deutschen Grenzpolizei". Das Leistungsabzeichen der Deutschen Grenzpolizei erhielt eine neue Form. Es ist jetzt rund, hat einen Durchmesser von 35 mm und besteht ebenfalls aus Buntmetall. Es zeigt in erhabener Prägung einen Grenzpfahl und eine Maschinenpistole, die von einem oben geöffneten Lorbeerkranz umschlossen werden. Auf dem Lorbeerkranz befindet sich die Umschrift „FÜR AUSGEZEICHNETE LEISTUNGEN". Das Leistungsabzeichen der Deutschen Grenzpolizei ist seit 1959 eine staatliche Auszeichnung. Mit ihm konnten Mannschaften, Unterführer, Offiziersschüler und Offiziere bis zur Dienststellung Kompaniechef für ausgezeichnete Leistungen ausgezeichnet werden.

Leistungsabzeichen der Grenztruppen der DDR

Am 15. September 1961 wurde auf Beschluß des Nationalen Verteidigungsrates die Deutsche Grenzpolizei dem Ministerium für Nationale Verteidigung unterstellt und das Kommando der Grenztruppen der DDR gebildet. Mit Wirkung vom 12. Juli 1962 beschloß der Ministerrat der DDR u. a. die Ordnung über die Verleihung des „Leistungsabzeichens der Grenztruppen der DDR". Damit traten die 1959 erlassenen Auszeichnungsordnungen für die Deutsche Grenzpolizei außer Kraft. Die Form des Leistungsabzeichens der Grenztruppen der DDR gleicht unverändert dem Leistungsabzeichen der Deutschen Grenzpolizei. Das Leistungsabzeichen der Grenztruppen der DDR war von 1962 bis zum 1. Januar 1978 eine staatliche Auszeichnung. Bürger der DDR, die als Grenzhelfer mit dem Leistungsabzeichen der Grenztruppen der DDR ausgezeichnet werden, erhalten zusätzlich ein Abzeichen in Miniaturausführung. Die Miniatur gleicht – bis auf die Tatsache, daß es nicht durchbrochen ausgeführt ist – in Gestalt und Metall dem Leistungsabzeichen, hat jedoch einen Durchmesser von 20 mm.

Leistungsabzeichen der Nationalen Volksarmee

Am 18. Januar 1956 verabschiedete die Volkskammer der DDR das Gesetz über die Schaffung der Nationalen Volksarmee (NVA) und des Ministeriums für Nationale Verteidigung. Am 10. Februar 1956 erließ der Minister für Nationale Verteidigung, Generaloberst Willi Stoph, den Befehl Nr. 1/1956 über die „Bildung der Nationalen Volksarmee, des Ministeriums für Nationale Verteidigung und über die Einführung der Uniformen der Nationalen Volksarmee". Die NVA bestand aus Land-, Luft- und Seestreitkräften.

Mit Wirkung vom 1. Juni 1956 beschloß das Präsidium des Ministerrates der DDR die Schaffung von Auszeichnungen in der Nationalen Volksarmee. Neben der Medaille für treue Dienste und der Verdienstmedaille der NVA wurde das Leistungsabzeichen der Nationalen Volksarmee gestiftet. Damit trat die Verordnung über die Stiftung des Leistungsabzeichens der Kasernierten Volkspolizei vom 28. Mai 1954 außer Kraft.

Das Leistungsabzeichen der NVA ist aus Buntmetall, 45 mm hoch und 35 mm breit. Es zeigt in erhabener Prägung einen Soldaten, umgeben von einem Eichenlaubkranz. Den oberen Abschluß bildet die schwarzrotgoldene Staatsflagge der DDR in der frühen Form ohne Staatswappen, wobei die Staatsflagge an der oberen Kante einen Teil des Eichenkranzes verdeckt. Anfangs befand sich auf der Rückseite des Leistungsabzeichens die Verleihungsnummer. Mit dem Leistungsabzeichen der Nationalen Volksarmee konnten Soldaten, Matrosen, Unteroffiziere, Maate, Offiziersschüler und Offiziere bis zur Dienststellung Kompaniechef für ausgezeichnete Leistungen und Ergebnisse in der politischen und militärischen Ausbildung sowie bei hervorragenden Leistungen im sozialistischen Wettbewerb ausgezeichnet werden. Auf der Grundlage der vom Ministerrat der DDR am 22. Januar 1959 bestätigten „Verordnung über staatliche Auszeichnungen" wurde das Leistungsabzeichen der Nationalen Volksarmee eine staatliche Auszeichnung.

Nachdem am 1. Oktober 1959 das Gesetz zur Änderung des Gesetzes über das Staatswappen und die Staatsflagge der DDR in Kraft getreten war, erhielt die schwarzrotgoldene Staatsflagge der DDR auf beiden Seiten in der Mitte das Staatswappen der DDR. Dieses besteht aus Hammer und Zirkel, umgeben von einem Ährenkranz, der im unteren Teil von einem schwarzrotgoldenen Band umschlungen ist. Daraufhin änderte sich auch die Gestaltung einiger Auszeichnungen.

Mit der Anordnung Nr. 54/59 des Ministers für Nationale Verteidigung vom 7. Dezember 1959 wurde auf der Grundlage o. g. Gesetzes das Leistungsabzeichen der Nationalen Volksarmee verändert. Bei diesen Ausführungen ist auf der Fahne das Staatswappen der DDR enthalten.

Das Abzeichen ist nunmehr 46,5 mm hoch und 36,5 mm breit. Weiterhin erfolgte die Anweisung, bereits verliehene Leistungsabzeichen der Nationalen Volksarmee gegen solche mit der neuen Staatsflagge umzutauschen. Vielfach wurden auch die Nadeln abgelötet, das Staatswappen eingeschlagen und die Nadeln neu angelötet, so daß der Besitzer sein ursprüngliches Leistungsabzeichen mit derselben Verleihungsnummer zurückbekam. Diese Abzeichen erkennt man auf der Rückseite an der Vertiefung, hervorgerufen durch den Gegenstempel, und an den größeren Lötstellen an der Nadel.

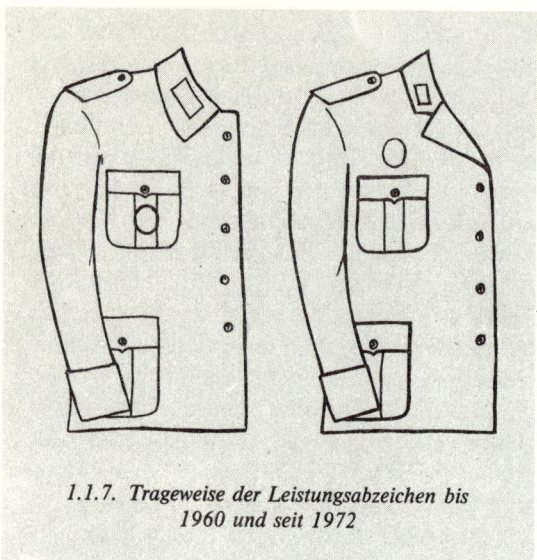

1.1.7. Trageweise der Leistungsabzeichen bis 1960 und seit 1972

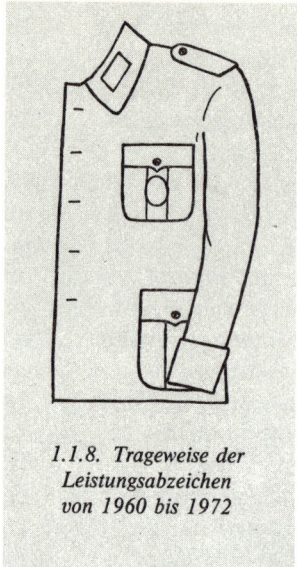

1.1.8. Trageweise der Leistungsabzeichen von 1960 bis 1972

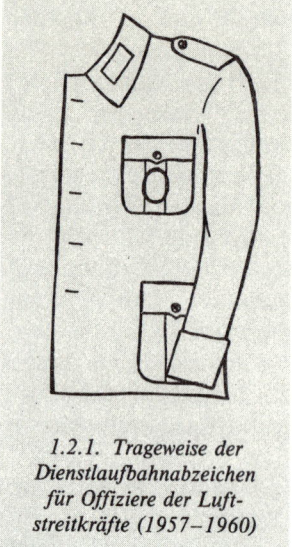

1.2.1. Trageweise der Dienstlaufbahnabzeichen für Offiziere der Luftstreitkräfte (1957–1960)

Seit dem 1. Januar 1978 ist das Leistungsabzeichen der NVA eine nichtstaatliche Auszeichnung.

Trageweise der Leistungsabzeichen

Das Leistungsabzeichen der KVP, das Leistungsabzeichen der DGP sowie das Leistungsabzeichen der NVA wurden bis 1960 auf der rechten oberen Brustseite der Uniform getragen. Von 1960 bis 1972 wurden das Leistungsabzeichen der NVA und das Leistungsabzeichen der DGP bzw. ab 1962 das Leistungsabzeichen der Grenztruppen der DDR auf der linken oberen Brustseite der Uniform getragen. Seit 1972 werden die Leistungsabzeichen auf der rechten Seite der Uniform über der Brusttasche getragen.

Literatur:

Befehl Nr. 45/54 des Ministers des Innern vom 11.6.1954; Befehl Nr. 47/54 des Ministers des Innern vom 16.6.1954; Gesetzblatt der DDR, Teil I, Nr. 90/55; Anordnungs- und Mitteilungsblatt des Ministeriums für Nationale Verteidigung (im folgenden: AMBl), Teil A, Nr. 3/56; AMBl, Teil A, Nr. 2/57; Gesetzblatt der DDR, Teil I, Nr. 63/58; Ebenda, Teil I, Nr. 17/59; Ebenda, Teil I, Nr. 54/59; AMBl, Teil A, Nr. 19/59; AMBl, Teil A, Nr. 1/60; Gesetzblatt der DDR, Teil I, Nr. 35/60; Ebenda, Teil II, Nr. 58/62; Ebenda, Teil II, Nr. 81/68.

DIENSTLAUFBAHNABZEICHEN

Am 22. Juni 1957 erließ der Minister für Nationale Verteidigung den Befehl Nr. 49/57 über die Einführung von Dienstlaufbahnabzeichen und der Schützenschnur in der Nationalen Volksarmee. Damit waren Soldaten, Flieger, Matrosen, Unteroffiziere, Maate und Offiziere, die eine abgeschlossene Spezialausbildung besaßen, berechtigt, diese Abzeichen an der Uniform zu tragen. Die meisten Dienstlaufbahnabzeichen, die aus auf Stoff gestickten Symbolen bestanden, wurden am linken Unterärmel der Uniformjacke getragen.

Die Dienstlaufbahnabzeichen für Offiziere der Luftstreitkräfte bildeten dabei eine Ausnahme. Sie wurden in der Mitte der linken Brusttasche der Uniformjacke getragen und können als Vorläufer der Klassifizierungsabzeichen angesehen werden.

Die erstmalige Verleihung der Dienstlaufbahnabzeichen erfolgte im Oktober 1957. Nach der „Vorläufigen Bekleidungsordnung der Nationalen Volksarmee", DV 10/5, Ausgabe 1957, war vorgesehen, die Dienstlaufbahnabzeichen für Offiziere der Luftstreitkräfte als Qualifikationsabzeichen in den Stu-

1.2.2. Dienstlaufbahnabzeichen für Flugzeugführer (1957–1960)

1.2.3. Muster Dienstlaufbahnabzeichen für Flugzeugführer (nicht verliehen)

1.2.4. Dienstlaufbahnabzeichen für Leiter des Fallschirmdienstes (1957–1960)

fen Gold, Silber und Bronze zu verleihen. Weiterhin sollten die Dienstlaufbahnabzeichen für die Dienstuniform gestickt auf steingrauer Tuchunterlage und für die Parade- und Ausgangsuniform aus geprägtem Metall (Aluminium) mit Anstecknadel bestehen. Es wurden jedoch nur Dienstlaufbahnabzeichen mit silberner Stickerei verliehen. Goldene und bronzene Exemplare existieren nicht. Die im Umlauf befindlichen geprägten silbernen Exemplare müssen als Muster angesehen werden, die nicht verliehen wurden.

Dienstlaufbahnabzeichen für Flugzeugführer

Der Vorläufer des Dienstlaufbahnabzeichens für Flugzeugführer, das „Brustabzeichen für fliegendes Personal", wurde in der gleichen Ausführung bereits seit 1953 an der Uniform des Aero-Clubs getragen. Das Dienstlaufbahnabzeichen wurde an Flugzeugführer verliehen, die eine abgeschlossene fliegerische Ausbildung besaßen. Das ovale Abzeichen ist 57 mm hoch und 45 mm breit. Es zeigt eine vier-blättrige Luftschraube, die von einem Eichenlaubkranz umrandet wird.

Die geprägte Variante ist ein Muster.

Dienstlaufbahnabzeichen für Leiter des Fallschirmdienstes

Das Dienstlaufbahnabzeichen wurde an den Leiter des Fallschirmdienstes nach Erreichung einer festgelegten Qualifikationsstufe verliehen. Das ovale Abzeichen ist 57 mm hoch und 45 mm breit. Es zeigt einen geöffneten Fallschirm, der von einem Eichenlaubkranz umrandet wird.

Die geprägte Variante ist ein Muster.

Dienstlaufbahnabzeichen für Flugzeugtechniker

Das Dienstlaufbahnabzeichen wurde an Offiziere des fliegertechnischen Personals verliehen, die eine abgeschlossene Ausbildung als Flugzeugtechniker besaßen. Das ovale Abzeichen ist 57 mm hoch und 45 mm breit. Es zeigt zwei gekreuzte Schraubenschlüssel, die von einem Eichenlaubkranz umrandet werden.

1.2.5. Muster Dienstlaufbahnabzeichen für Leiter des Fallschirmdienstes (nicht verliehen)

1.2.6. Dienstlaufbahnabzeichen für Flugzeugtechniker (1957–1960)

1.2.7. Muster Dienstlaufbahnabzeichen für Flugzeugtechniker (nicht verliehen)

Die geprägte Variante ist ein Muster.
Im Jahre 1960 veränderten sich Form und Trageweise der Dienstlaufbahnabzeichen für Offiziere der Luftstreitkräfte. Die Dienstlaufbahnabzeichen waren jetzt aus Buntmetall und entsprachen in der Form den mit Befehl Nr. 13/60 des Ministers für Nationale Verteidigung vom 31. März 1960 eingeführten neuen Klassifizierungsabzeichen ohne Angabe der Leistungsklasse. Sie wurden in der Mitte, 5 mm über der rechten Brusttasche der Uniformjacke bzw. bei Uniformjacken ohne Brusttasche in gleicher Höhe getragen.

Dienstlaufbahnabzeichen für Flugzeugführer

Das Dienstlaufbahnabzeichen wurde an Flugzeugführer mit abgeschlossener fliegerischer Ausbildung verliehen, die noch nicht im Besitz eines Klassifizierungsabzeichens waren. Das Abzeichen ist 26 mm hoch und 91 mm breit. Es zeigt einen silbernen, liegenden ovalen Eichenlaubkranz, der oben durch das farbig emaillierte Hoheitszeichen der Luftstreitkräfte geschlossen wird. Seit dem 22. Juni 1960 besteht das Hoheitszeichen aus einem auf der Spitze stehenden Quadrat in den Farben Schwarzrotgold mit dem Staatswappen in der Mitte. Im Eichenlaubkranz befindet sich auf blau emailliertem Hintergrund ein Flugzeug, am Eichenlaubkranz links und rechts je eine stilisierte bronzefarbene Schwinge.

Stücke mit goldfarbenem Eichenlaubkranz und ebensolchen Schwingen sind Muster; diese kamen nicht zur Verleihung.

Dienstlaufbahnabzeichen für Steuerleute

Das Dienstlaufbahnabzeichen wurde an Steuerleute der Luftstreitkräfte verliehen, die zum fliegerischen Begleitpersonal gehörten und die noch nicht über ein Klassifizierungsabzeichen verfügten.

Das Abzeichen hat die gleiche Form wie das für Flugzeugführer. Die stilisierten Schwingen sind jedoch silberfarben.

Dienstlaufbahnabzeichen für Offiziere des Fallschirmdienstes

Das Dienstlaufbahnabzeichen wurde an Offiziere des Fallschirmdienstes der Luftstreitkräfte mit abge-

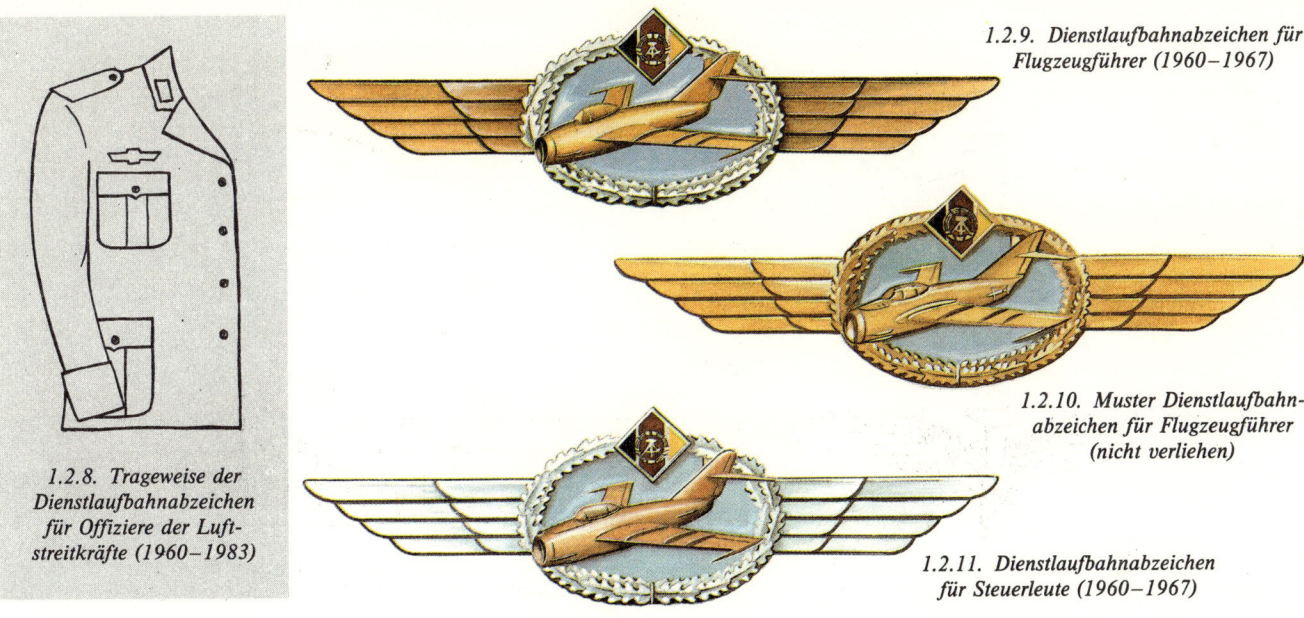

1.2.8. Trageweise der Dienstlaufbahnabzeichen für Offiziere der Luftstreitkräfte (1960–1983)

1.2.9. Dienstlaufbahnabzeichen für Flugzeugführer (1960–1967)

1.2.10. Muster Dienstlaufbahnabzeichen für Flugzeugführer (nicht verliehen)

1.2.11. Dienstlaufbahnabzeichen für Steuerleute (1960–1967)

1.2.12. Dienstlaufbahnabzeichen für Offiziere des Fallschirmdienstes (1960–1967)

1.2.13. Dienstlaufbahnabzeichen für Flugzeugtechniker (1960–1967)

1.2.14. Muster Dienstlaufbahnabzeichen für Flugzeugtechniker (nicht verliehen)

schlossener Spezialausbildung verliehen, die noch kein Klassifizierungsabzeichen erworben hatten. Das Abzeichen ist 26 mm hoch und 91 mm breit. Es zeigt einen silbernen, liegenden ovalen Eichenlaubkranz, der oben durch das farbig emaillierte Hoheitszeichen der Luftstreitkräfte geschlossen wird. Im Eichenlaubkranz befindet sich auf blau emailliertem Hintergrund ein geöffneter Fallschirm. Am Eichenlaubkranz ist links und rechts je eine stilisierte silberfarbene Schwinge angebracht.

Dienstlaufbahnabzeichen für Flugzeugtechniker

Das Dienstlaufbahnabzeichen wurde an Offiziere des ingenieurtechnischen und fliegertechnischen Personals einschließlich der Offiziere der fliegertechnischen Versorgung sowie der technischen Schulen der Luftstreitkräfte verliehen. Für Flugzeugtechniker gab es in diesem Zeitraum kein Klassifizierungsabzeichen. Das Abzeichen ist 20 mm hoch und 91 mm breit. Es zeigt einen goldfarbenen halbrunden Zahnkranz mit dem farbig emaillierten Hoheitszeichen der Luftstreitkräfte. Am Zahnkranz

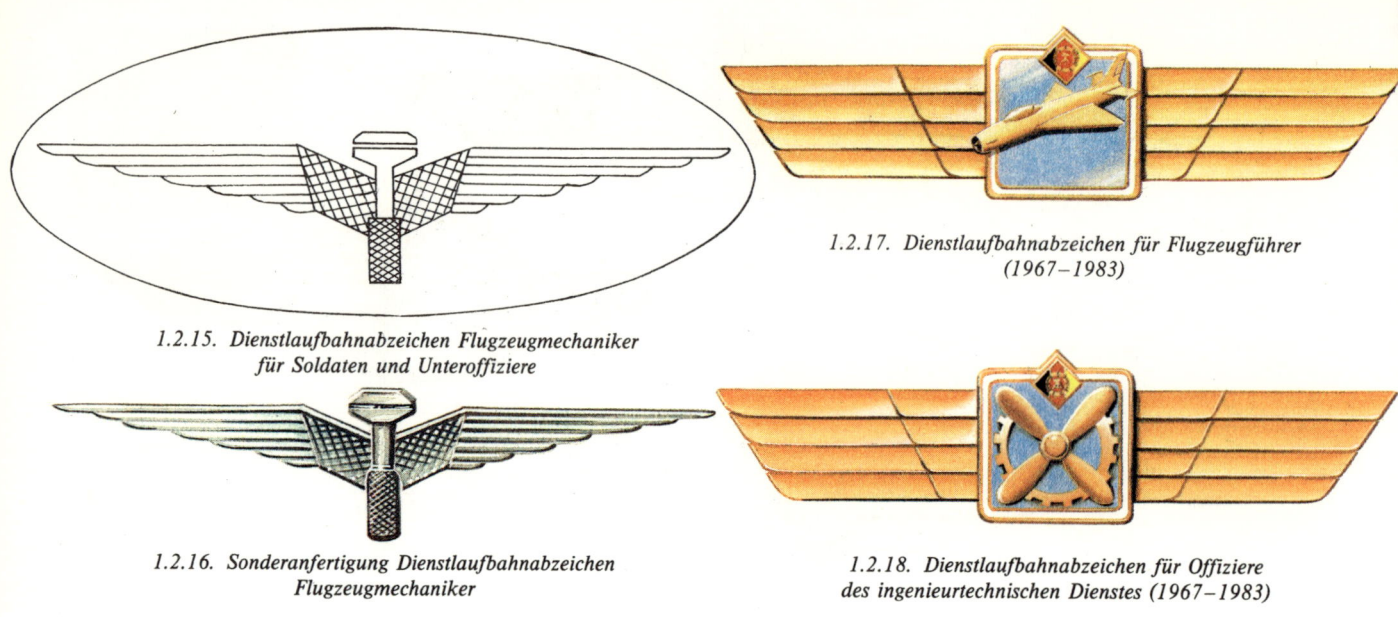

1.2.15. Dienstlaufbahnabzeichen Flugzeugmechaniker für Soldaten und Unteroffiziere

1.2.16. Sonderanfertigung Dienstlaufbahnabzeichen Flugzeugmechaniker

1.2.17. Dienstlaufbahnabzeichen für Flugzeugführer (1967–1983)

1.2.18. Dienstlaufbahnabzeichen für Offiziere des ingenieurtechnischen Dienstes (1967–1983)

befinden sich links und rechts je eine stilisierte silberfarbene Schwinge.

Stücke mit goldfarbenen Schwingen sind Muster. Eine Verleihung fand nicht statt.

Dienstlaufbahnabzeichen Flugzeugmechaniker für Soldaten und Unteroffiziere

Das Dienstlaufbahnabzeichen Flugzeugmechaniker für Soldaten und Unteroffiziere bestand aus einem gestickten Symbol auf steingrauer Tuchunterlage und wurde am Ärmel der Uniformjacke getragen. Stücke aus Metall wurden nicht angefertigt und verliehen. Das vorhandene Stück mit der rückseitig eingeschlagenen dreistelligen Verleihungsnummer muß als Sonderanfertigung angesehen werden. 1967 erfolgte nochmals eine Änderung der Form und der Bezeichnung der Dienstlaufbahnabzeichen für Offiziere der Luftstreitkräfte, dabei entfielen die Abzeichen für Steuerleute und Offiziere des Fallschirmdienstes.

Die Abzeichen waren ebenfalls aus Buntmetall und wurden weiterhin über der rechten Brusttasche der Uniformjacke getragen.

Dienstlaufbahnabzeichen für Flugzeugführer

Das Dienstlaufbahnabzeichen wurde an Offiziere der Luftstreitkräfte verliehen, die eine abgeschlossene fliegerische Ausbildung besaßen und noch kein Klassifizierungsabzeichen erworben hatten. Die Verleihung erfolgte meist zum Abschluß des Studiums an der Offiziersschule bzw. Offiziershochschule.

Seit 1983 werden die Dienstlaufbahnabzeichen nicht mehr verliehen, da zum Ausbildungsziel der Offiziershochschulen der Erwerb des Klassifizierungsabzeichens gehört. Das Abzeichen ist 24 mm hoch und 91 mm breit.

Es zeigt ein himmelblau emailliertes Quadrat mit farbigem Hoheitszeichen. Im Quadrat ist ein Flugzeug aufgelegt. Am Quadrat befinden sich links und rechts je eine stilisierte Schwinge.

Dienstlaufbahnabzeichen für Offiziere des ingenieurtechnischen Dienstes

Das Dienstlaufbahnabzeichen wurde an Offiziere der Luftstreitkräfte verliehen, die eine abgeschlos-

1.2.19. Dienstlaufbahnabzeichen für Offiziere des ingenieurtechnischen Dienstes (zeitweilige Variante)

1.2.21. Abzeichen für freiwillige Helfer der Grenztruppen der DDR

1.2.20. Entwurfsmuster Postenführerabzeichen der Deutschen Grenzpolizei

sene technische Ausbildung besaßen und noch kein Klassifizierungsabzeichen erworben hatten. Die Verleihung erfolgte meist zum Abschluß des Studiums an der Offiziersschule bzw. Offiziershochschule.

Seit 1983 werden die Dienstlaufbahnabzeichen nicht mehr verliehen, da zum Ausbildungsziel der Offiziershochschulen der Erwerb des Klassifizierungsabzeichens gehört. Das Abzeichen ist 24 mm hoch und 91 mm breit. Es zeigt ein himmelblau emailliertes Quadrat mit farbigem Hoheitszeichen. Im Quadrat befindet sich eine vierblättrige Luftschraube, die von drei Zahnkranzsegmenten umrandet wird. Am Quadrat ist links und rechts je eine stilisierte Schwinge angeordnet.

Zeitweilig wurden Abzeichen hergestellt, bei denen die Luftschraube nur von zwei Zahnkranzsegmenten umrandet wird.

Die Dienstlaufbahnabzeichen wurden von 1967 bis 1983 verliehen.

Postenführerabzeichen der Deutschen Grenzpolizei

In einer Weisung der Rückwärtigen Dienste des Kommandos der Deutschen Grenzpolizei aus dem Jahre 1960 wurde die Einführung eines Postenführerabzeichens als Dienstlaufbahnabzeichen für die Deutsche Grenzpolizei vorgeschlagen, das in einer Stufe verliehen werden sollte.

Nach den vorliegenden Unterlagen sind Muster hergestellt worden. Es konnte aber noch kein Stück nachgewiesen werden.

Abzeichen für freiwillige Helfer der Grenztruppen der DDR

Als Ausdruck der Zustimmung zu den Maßnahmen der Grenzsicherung übernahmen ab August 1952 Einwohner des Grenzgebietes freiwillig die verantwortungsvolle Aufgabe, die Grenzsicherungskräfte als freiwillige Helfer zu unterstützen. Mit der Ordnung Nr. 018/9/001 des Ministers für Nationale Verteidigung über die Arbeit mit den freiwilligen Helfern der Grenztruppen der DDR vom 8. April 1983 wurde festgelegt, daß freiwillige Helfer der Grenztruppen der DDR zur Legitimation einen Ausweis, eine Armbinde sowie erstmals ein Abzeichen erhalten.

Das schildförmige Abzeichen aus Stahlblech ist 39 mm hoch und 31 mm breit. Zwischen der vierzeiligen Inschrift „FREIWILLIGER HELFER GRENZTRUPPEN DER DDR" ist auf grünem Hintergrund das farbige Staatswappen der DDR abgebildet. Das Abzeichen ist mit Polyesterharz überzogen.

Literatur:

Militärarchiv der DDR (im folgenden: MA) VA – 01/4549; MA, DVA – 22; MA, DVA – 3314; MA, DVA – 1345; MA, DVA – 3621; MA, DVA – 4467; MA, VA – 01/1831.

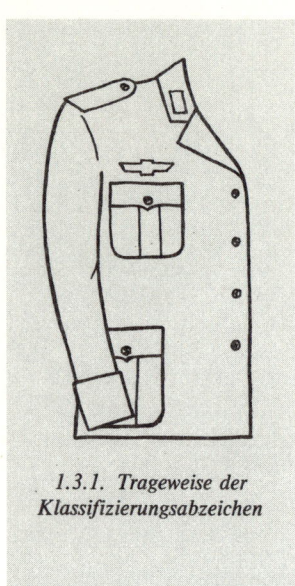

1.3.1. Trageweise der Klassifizierungsabzeichen

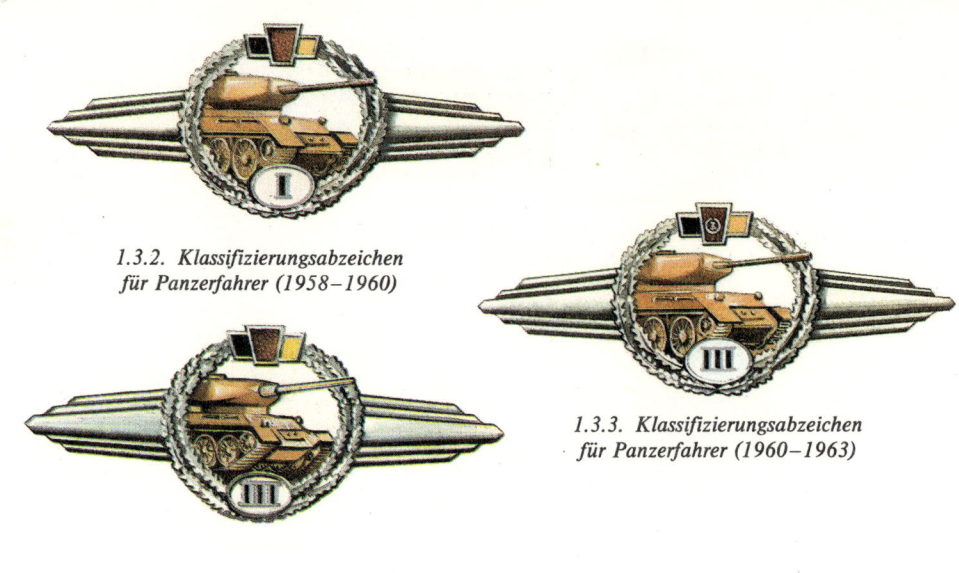

1.3.2. Klassifizierungsabzeichen für Panzerfahrer (1958–1960)

1.3.3. Klassifizierungsabzeichen für Panzerfahrer (1960–1963)

KLASSIFIZIERUNGSABZEICHEN

Die fortschreitende Entwicklung der Waffen- und Kampftechnik stellte immer höhere Anforderungen an die Angehörigen der Nationalen Volksarmee. Ständig stiegen die Ansprüche an die Kenntnisse, Fertigkeiten und persönlichen Eigenschaften der Armeeangehörigen. Um das Streben der Soldaten, Unteroffiziere und Offiziere zu fördern, die ihnen anvertrauten Waffen und die Kampftechnik meisterhaft zu beherrschen, wurden in der Nationalen Volksarmee Klassifizierungsabzeichen eingeführt. Die Klassifizierungsabzeichen für Panzerfahrer, Fahrer von Schützenpanzerwagen und Kraftfahrer sowie Funker und Fernschreiber konnten ab 1. April 1961 auch von Angehörigen der Deutschen Grenzpolizei erworben werden.

Klassifizierungsabzeichen werden nach Ablegen einer Prüfung für vorbildliche militärtechnische Leistungen verliehen an:
– Soldaten, Unteroffiziere, Fähnriche und Offiziere, wenn sie entsprechend ihrer Dienststellung zur Bedienung, Wartung oder Instandsetzung von Kampf-, Führungs- und Sicherstellungstechnik eingesetzt sind;
– Offiziere, die solche Technik entsprechend ihren Dienstpflichten persönlich zu beherrschen haben;
– Soldatenspezialisten, Unteroffiziers-, Fähnrich- und Offiziersschüler.

Die Trageweise der Klassifizierungsabzeichen entspricht der der Dienstlaufbahnabzeichen, sie werden in der Mitte, 5 mm über der rechten Brusttasche der Uniformjacke bzw. bei Uniformjacken ohne Brusttasche in gleicher Höhe getragen.

Klassifizierungsabzeichen für Panzerfahrer

Als erstes Klassifizierungsabzeichen der Nationalen Volksarmee wurde mit dem Befehl Nr. 4/58 des Ministers für Nationale Verteidigung vom 6. Januar 1958 das Klassifizierungsabzeichen für Panzerfahrer im Zusammenhang mit der Panzerfahrererlaubnis eingeführt. Das Klassifizierungsabzeichen wurde in den vier Leistungsklassen M (Meisterfahrer), I, II und III an alle Soldaten, Unteroffiziere und Offiziere verliehen, die eine Qualifikation als Panzer-

1.3.4. Klassifizierungsabzeichen für Fahrer von Schützenpanzerwagen und Kraftfahrer (1960–1963)

1.3.5. Klassifizierungsabzeichen für Fahrer und Kommandanten von Schwimmwagen (1960–1963)

fahrer erworben hatten. Die Verleihung des Klassifizierungsabzeichens begann mit der Leistungsklasse III.

Das aus Buntmetall bestehende Abzeichen ist 25 mm hoch und 63 mm breit. Es zeigt einen silbernen, runden Eichenlaubkranz, der oben durch die schwarzrotgoldenen Farben der Staatsflagge der DDR geschlossen wird. Im unteren Teil des Eichenlaubkranzes befindet sich ein weiß emailliertes liegendes Oval, auf dem die Leistungsklasse angegeben ist. Dabei muß unterschieden werden zwischen am unteren Rand des Eichenlaubkranzes aufgeklebten Leistungsklassenschildern und geprägten Leistungsklassenschildern, die sich am oberen Rand des Eichenlaubkranzes befinden. Der Eichenlaubkranz umschließt das Bild eines von links nach rechts fahrenden Panzers. Am Eichenlaubkranz befinden sich links und rechts je ein stilisiertes silbernes Strahlenbündel mit fünf sich nach außen verjüngenden Strahlen. Die ersten Stücke waren rückseitig hohl geprägt, spätere Stücke sind massiv. Das Klassifizierungsabzeichen wurde von 1958 bis 1960 verliehen.

Mit dem Befehl Nr. 13/60 des Ministers für Nationale Verteidigung vom 31. März 1960 wurden weitere Klassifizierungsabzeichen in der Nationalen Volksarmee eingeführt. Die Klassifizierungsabzeichen für Land- und Seestreitkräfte bestehen aus Buntmetall und sind 25 mm hoch und 63 mm breit. Sie zeigen einen silbernen, runden Eichenlaubkranz, der oben durch die schwarzrotgoldenen Farben der Staatsflagge der DDR und das darin befindliche Staatswappen geschlossen wird. Im unteren Teil des Eichenlaubkranzes befindet sich ein weiß emailliertes liegendes Oval, auf dem die Leistungsklasse angegeben ist. Der Eichenlaubkranz umschließt im Bild ein der Art des Klassifizierungsabzeichens entsprechendes Symbol. Am Eichenlaubkranz befinden sich links und rechts je ein stilisiertes silbernes Strahlenbündel mit fünf sich nach außen verjüngenden Strahlen.

Klassifizierungsabzeichen für Panzerfahrer

Das Abzeichen zeigt im Eichenlaubkranz das Bild eines von links nach rechts fahrenden Panzers. Es wurden die Leistungsklassen M (Meisterfahrer), I, II und III verliehen.

Klassifizierungsabzeichen für Fahrer von Schützenpanzerwagen und Kraftfahrer

Das Abzeichen zeigt im Eichenlaubkranz das Bild eines von links nach rechts fahrenden Lastkraftwagens. Es sind Exemplare mit ungeteilter und geteilter Frontscheibe bekannt. Diese Unterschiede entstanden bei der Neuanfertigung der Prägestempel im Herstellerbetrieb. Es wurden die Leistungsklassen I, II und III verliehen.

Klassifizierungsabzeichen für Fahrer und Kommandanten von Schwimmwagen

Das Abzeichen zeigt im Eichenlaubkranz das Bild eines aus dem Wasser auf das Land fahrenden schweren Schwimmwagens. Es wurden die Leistungsklassen I, II und III verliehen.

1.3.6. *Muster Klassifizierungsabzeichen für Funker (nicht verliehen)*

1.3.8. *Klassifizierungsabzeichen für Kommandanten von Kampfschiffen und Kampfbooten (1960–1963)*

1.3.7. *Klassifizierungsabzeichen für Funker und Fernschreiber (1960–1963)*

1.3.9. *Klassifizierungsabzeichen für Funkorter und Hydroakustiker der Seestreitkräfte (1960–1963)*

Klassifizierungsabzeichen für Funker

Das Abzeichen zeigt im Eichenlaubkranz sechs von unten nach oben und seitlich weisende stilisierte Funkblitze. Vom Abzeichen wurden nur Muster hergestellt. Eine Verleihung fand nicht statt.

Klassifizierungsabzeichen für Funker und Fernschreiber

Das Abzeichen zeigt im Eichenlaubkranz drei von unten nach oben weisende stilisierte Funkblitze. Ursprünglich war die Verleihung nur für Fernschreiber vorgesehen. Das Abzeichen wurde jedoch für Funker und Fernschreiber in den Leistungsklassen I, II und III verliehen.

Klassifizierungsabzeichen für Kommandanten von Kampfschiffen und Kampfbooten

Das Abzeichen zeigt im Eichenlaubkranz einen stehenden Anker, dessen Ankerstock von einem Kampfboot verdeckt wird. Es wurden die Leistungsklassen I, II und III verliehen.

Klassifizierungsabzeichen für Funkorter und Hydroakustiker der Seestreitkräfte

Das Abzeichen zeigt im Eichenlaubkranz einen stehenden Anker mit vier von der Mitte des Ankerstockes nach außen weisenden stilisierten Funkblitzen. Es wurden die Leistungsklassen I, II und III verliehen.

Klassifizierungsabzeichen für Signäler

Das Abzeichen zeigt im Eichenlaubkranz einen stehenden Anker mit zwei gekreuzten Signalflaggen. Es wurden die Leistungsklassen I, II und III verliehen.

Klassifizierungsabzeichen für Taucher

Das Abzeichen zeigt im Eichenlaubkranz das Brustbild eines an einer Leiter ins Wasser steigenden

1.3.10. Klassifizierungsabzeichen für Signäler (1960–1963)

1.3.12. Klassifizierungsabzeichen für Spezialtaucher der Seestreitkräfte (1960–1963)

1.3.11. Klassifizierungsabzeichen für Taucher (1960–1963)

1.3.13. Klassifizierungsabzeichen für Diensthundeführer (seit 1966)

Tauchers mit Taucherhelm. Es wurden die Leistungsklassen I, II und III verliehen.

Klassifizierungsabzeichen für Spezialtaucher der Seestreitkräfte

Das Abzeichen zeigt im Eichenlaubkranz einen stehenden Anker, dessen Ankerstock von einem Taucherhelm verdeckt wird. Ursprünglich sollten die Abzeichen links und rechts goldfarbene Strahlenbündel haben. Es wurden aber nur Abzeichen mit silberfarbenen Strahlenbündeln in den Leistungsklassen I, II und III verliehen.

Klassifizierungsabzeichen für Diensthundeführer

Das Abzeichen zeigt im Eichenlaubkranz den Kopf eines Deutschen Schäferhundes. Das Klassifizierungsabzeichen für Diensthundeführer wurde erstmals 1966 im Auftrag des Ministeriums des Innern hergestellt. Obwohl zu diesem Zeitpunkt in der NVA und in den Grenztruppen der DDR andere Klassifizierungsabzeichen verliehen wurden, trugen zahlreiche Angehörige der NVA und der Grenztruppen der DDR das Klassifizierungsabzeichen für Diensthundeführer in den Leistungsklassen I, II und III. Seit 1987 sind Staatsflagge und Oval mit Angabe der Leistungsklasse farbig lackiert und mit Polyesterharz überzogen. Das Abzeichen wird weiterhin im Bereich des MdI verliehen.

Die Klassifizierungsabzeichen für Angehörige der Luftstreitkräfte bestehen aus Buntmetall. Sie sind 28 mm hoch und 91 mm breit. Sie zeigen einen silbernen, ovalen Eichenlaubkranz, der oben durch das farbig emaillierte Hoheitszeichen der Luftstreitkräfte geschlossen wird. Im unteren Teil des Eichenlaubkranzes befindet sich ein weiß emailliertes liegendes Oval, auf dem die Leistungsklasse angegeben ist.

Der Eichenlaubkranz umschließt ein der Art des Klassifizierungsabzeichens entsprechendes Symbol.

Am Eichenlaubkranz befinden sich links und rechts je eine stilisierte Schwinge.

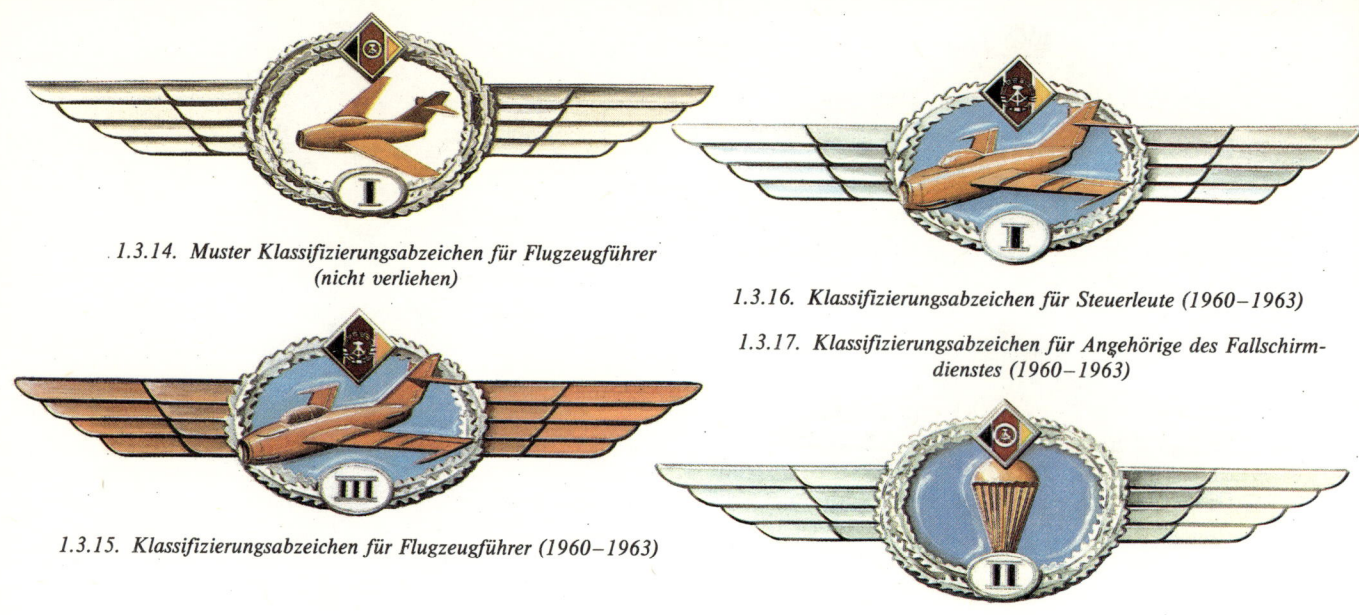

1.3.14. Muster Klassifizierungsabzeichen für Flugzeugführer (nicht verliehen)

1.3.16. Klassifizierungsabzeichen für Steuerleute (1960–1963)

1.3.17. Klassifizierungsabzeichen für Angehörige des Fallschirmdienstes (1960–1963)

1.3.15. Klassifizierungsabzeichen für Flugzeugführer (1960–1963)

Klassifizierungsabzeichen für Flugzeugführer

Das rückseitig hohl geprägte Abzeichen zeigt im Eichenlaubkranz ein von rechts nach links fliegendes Flugzeug ohne Hintergrund mit silberfarbenen stilisierten Schwingen. Von diesem Abzeichen wurden nur Muster angefertigt. Das Abzeichen wurde nicht verliehen.

Das verliehene Klassifizierungsabzeichen für Flugzeugführer zeigt im Eichenlaubkranz auf blau emailliertem Hintergrund ein von rechts nach links fliegendes Flugzeug. Am Eichenlaubkranz befinden sich links und rechts je eine stilisierte bronzefarbene Schwinge. Es wurde in den Leistungsklassen I, II und III verliehen.

Klassifizierungsabzeichen für Steuerleute

Das Abzeichen hat die gleiche Form wie das für Flugzeugführer, jedoch silberfarbene stilisierte Schwingen. Es wurden die Leistungsklassen I, II und III verliehen.

Klassifizierungsabzeichen für Angehörige des Fallschirmdienstes

Das Abzeichen zeigt im Eichenlaubkranz auf blau emailliertem Hintergrund einen geöffneten Fallschirm. Am Eichenlaubkranz befinden sich links und rechts je eine stilisierte silberfarbene Schwinge. Es wurden die Leistungsklassen I, II und III verliehen.

Klassifizierungsabzeichen für Funkorter der Luftstreitkräfte

Das Abzeichen zeigt im Eichenlaubkranz die Antenne einer Funkmeßstation mit drei stilisierten Funkblitzen und einem Flugzeug. Es sind Stücke mit silbernem und mit blau emailliertem Hintergrund bekannt.

Am Eichenlaubkranz befinden sich links und rechts je eine stilisierte silberfarbene Schwinge. Es wurden die Leistungsklassen I, II und III verliehen.

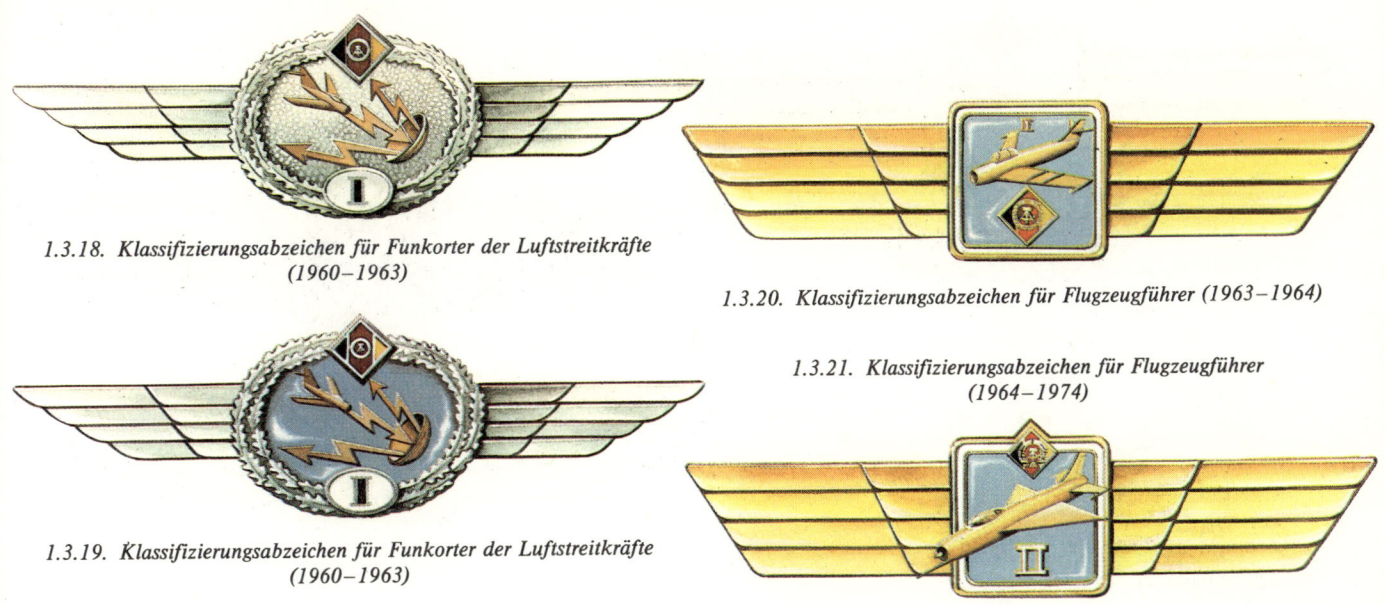

1.3.18. Klassifizierungsabzeichen für Funkorter der Luftstreitkräfte (1960–1963)

1.3.20. Klassifizierungsabzeichen für Flugzeugführer (1963–1964)

1.3.19. Klassifizierungsabzeichen für Funkorter der Luftstreitkräfte (1960–1963)

1.3.21. Klassifizierungsabzeichen für Flugzeugführer (1964–1974)

Diese Klassifizierungsabzeichen wurden von 1960 bis 1963 verliehen. Nach der Einführung der neuen Klassifizierungsabzeichen ab 1. März 1963 durften diese weiter getragen werden und wurden nur bei Ablegen der Wiederholungsprüfung umgetauscht.

Mit dem Befehl Nr. 14/65 des Ministers für Nationale Verteidigung vom 14. März 1965 mußten endgültig alle Klassifizierungsabzeichen aus den Jahren 1960 bis 1963 gegen neue umgetauscht werden.

Im Jahr 1963 wurden neue Klassifizierungsabzeichen in der Nationalen Volksarmee eingeführt. Dabei änderten sich die Form und die Bezeichnung der Klassifizierungsabzeichen. Gleichzeitig erfolgte eine Reduzierung auf 5 Abzeichen. Die Klassifizierungsabzeichen aus Buntmetall waren zuerst goldfarben, später bronzefarben, sie sind 24 mm hoch und 91 mm breit.

Klassifizierungsabzeichen für Flugzeugführer

Das Klassifizierungsabzeichen für Flugzeugführer wurde mit dem Befehl Nr. 49/62 des Ministers für Nationale Verteidigung vom 1. Juni 1962 eingeführt und erstmals am 1. März 1963 verliehen. Das Abzeichen zeigt ein himmelblau emailliertes Quadrat, in dem ein von rechts nach links fliegendes Flugzeug eingeprägt ist. Unter dem Flugzeug ist das farbig emaillierte Hoheitszeichen der Luftstreitkräfte und über dem Flugzeug in weißer Farbe die Leistungsklasse angeordnet. Am Quadrat befinden sich links und rechts goldfarbene Schwingen. Diese Form wurde von 1963 bis 1964 in den Leistungsklassen I, II und III verliehen.

Mit dem Befehl Nr. 17/64 des Ministers für Nationale Verteidigung vom 17. Februar 1964 wurde die Form des Klassifizierungsabzeichens für Flugzeugführer geändert. Im himmelblau emailliertem Quadrat ist jetzt ein von rechts nach links fliegendes Flugzeug mit Staurohr eingeprägt. Das farbig emaillierte oder lackierte Hoheitszeichen der Luftstreitkräfte ist jetzt über dem Flugzeug, die Leistungsklasse unter dem Flugzeug angeordnet. Diese Form wurde von 1964 bis 1974 verliehen.

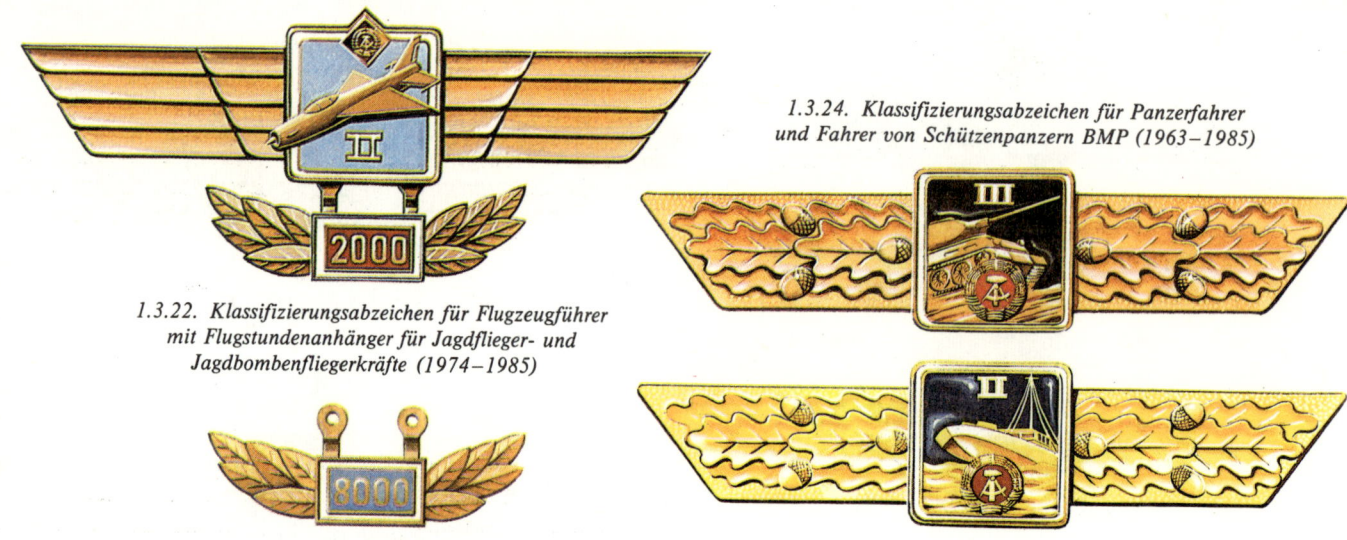

1.3.22. Klassifizierungsabzeichen für Flugzeugführer mit Flugstundenanhänger für Jagdflieger- und Jagdbombenfliegerkräfte (1974–1985)

1.3.23. Flugstundenanhänger für Hubschrauberführer und Flugzeugführer der Transportfliegerkräfte (1974–1985)

1.3.24. Klassifizierungsabzeichen für Panzerfahrer und Fahrer von Schützenpanzern BMP (1963–1985)

1.3.25. Klassifizierungsabzeichen für Offiziere der Volksmarine (1963–1985)

Am 8. Februar 1974 wurde mit der 2. Änderung der Klassifizierungsordnung die Bezeichnung geändert in Klassifizierungsabzeichen für Flugzeugführer/ Hubschrauberführer. Im selben Jahr änderte sich aus fertigungstechnischen Gründen geringfügig die Form des Klassifizierungsabzeichens für Flugzeugführer.

Das Flugzeug ist im himmelblau emaillierten Quadrat nicht mehr eingeprägt, sondern aufgelegt. Das Staurohr entfällt. Von beiden Formen wurden die Leistungsklassen I, II und III verliehen. Bei den ersten Stücken waren die Umrandung und die Leistungsklasse weiß emailliert, später wurden diese lackiert.

Seit 1974 werden Anhänger für Flugstunden zum Klassifizierungsabzeichen für Flugzeugführer verliehen. Die Klassifizierungsabzeichen tragen seit 1974 auf der Rückseite die Befestigungsdrähte für die Flugstundenanhänger.

Anhänger für Flugstunden zum Klassifizierungsabzeichen für Flugzeugführer

Mit der 2. Änderung der Klassifizierungsordnung vom 8. Februar 1974 wurden Flugstundenanhänger zum Klassifizierungsabzeichen für Flugzeugführer eingeführt. Diese wurden am 7. Oktober 1974, dem 25. Jahrestag der Gründung der DDR, erstmals verliehen.

Die Anhänger sind aus Buntmetall, 9 mm hoch und 42 mm breit. An einer rechteckigen Zahlentafel befinden sich links und rechts je ein geschwungener bronzefarbener Lorbeerzweig. Über dem Rechteck sind die Befestigungsösen angebracht. Anfangs waren die Stege mit den Befestigungsösen gerade. Um eine bessere Anbringung der Anhänger am Klassifizierungsabzeichen zu ermöglichen, wurden die Flugstundenanhänger später mit gebogenen Stegen hergestellt. Auf rot bzw. blau emailliertem Hintergrund des Rechtecks sind bronzefarben die Zahlen der Flugstunden angeordnet. Seit 1976 wurden die Anhänger lackiert mit Polyesterharzüberzug im Rechteck hergestellt.

Die Flugstundenanhänger mit rotem Hintergrund

wurden an Flugzeugführer der Jagdflieger- und Jagdbombenfliegerkräfte nach Erreichen von 500, 1000 und 1500 Flugstunden und mit blauem Hintergrund an Flugzeug- und Hubschrauberführer der Transportflieger- und Hubschrauberkräfte nach Erreichen von 1000, 2000 und 3000 Flugstunden in emaillierter Form verliehen.

Aus der Direktive Nr. 02/82 des Ministers für Nationale Verteidigung vom 24. September 1982 geht hervor, daß Flugzeugführer der Jagd-, Jagdbomben- und Aufklärungsfliegerkräfte (Anhänger mit rotem Hintergrund) sowie Hubschrauberführer (Anhänger mit blauem Hintergrund) den Anhänger nach 500 und im weiteren nach jeweils 500 Flugstunden und Flugzeugführer der Transportfliegerkräfte (Anhänger mit blauem Hintergrund) nach 1000 und im weiteren nach jeweils 1000 Flugstunden erhielten.

Somit existieren folgende Flugstundenanhänger mit Polyesterharzüberzug:
– Anhänger mit rotem Hintergrund für 500, 1000, 1500, 2000, 2500, 3000, 3500, 4000, 4500, 5000 Flugstunden;
– Anhänger mit blauem Hintergrund für 500, 1000, 1500, 2000, 2500, 3000, 3500, 4000, 4500, 5000, 6000, 7000, 8000, 9000, 10000, 11000, 12000, 13000, 14000, 15000 Flugstunden.
Die Flugstundenanhänger wurden unabhängig von der Leistungsklasse verliehen.

Klassifizierungsabzeichen für Panzerfahrer

Das Klassifizierungsabzeichen für Panzerfahrer wurde mit dem Befehl Nr. 49/62 des Ministers für Nationale Verteidigung vom 1. Juni 1962 eingeführt und erstmals am 1. März 1963 verliehen. Das Abzeichen zeigt ein schwarzes Quadrat, in dem sich ein von links nach rechts fahrender Panzer befindet. Im unteren Teil des Quadrates sind das Staatswappen und im oberen Teil die Zahlen der Leistungsklasse angeordnet. Am Quadrat befinden sich links und rechts goldfarbene Eichenlaubsymbole.

Mit der Klassifizierungsordnung vom 28. April 1973 wurde die Bezeichnung des Klassifizierungsabzeichens geändert in Klassifizierungsabzeichen für Panzerfahrer, einschließlich Fahrer von Schützenpanzern BMP. Das Quadrat war anfangs schwarz emailliert, später wurde es lackiert. Seit 1981 wurden die Klassifizierungsabzeichen für Panzerfahrer rückseitig hohl geprägt hergestellt. Es wurden die Leistungsklassen I, II und III verliehen.

Klassifizierungsabzeichen für Offiziere der Volksmarine

Das Klassifizierungsabzeichen für Kommandanten von Schnellbooten wurde mit dem Befehl Nr. 49/62 des Ministers für Nationale Verteidigung vom 1. Juni 1962 eingeführt und erstmals am 1. März 1963 verliehen.

Das Abzeichen zeigt ein ultramarinblau emailliertes Quadrat, in dem sich ein von rechts nach links fahrendes Boot befindet. Im unteren Teil des Quadrates sind das Staatswappen und im oberen Teil die Zahlen der Leistungsklasse angeordnet. Am Quadrat befinden sich links und rechts goldfarbene Eichenlaubsymbole. Mit dem Befehl Nr. 14/65 des Ministers für Nationale Verteidigung vom 19. März 1965 wurde die Bezeichnung geändert in Klassifizierungsabzeichen für Kommandanten von Kampfschiffen und Booten der Volksmarine. Die 1. Änderung zum Befehl Nr. 14/65 vom 19. März 1965 legte fest, daß ab 1. Januar 1966 die Bezeichnung Klassifizierungsabzeichen für Offiziere der Volksmarine mit seemännisch-technischer Qualifikation gültig ist.

In der Klassifizierungsordnung vom 24. März 1977 wurde die Bezeichnung geändert in Klassifizierungsabzeichen für Offiziere der Volksmarine im Borddienst, Profil Seeoffizier. Es wurden die Leistungsklassen I, II und III verliehen. Seit 1981 gibt es diese Klassifizierungsabzeichen auch lackiert in massiver und rückseitig hohl geprägter Ausführung.

Einheitliches Klassifizierungsabzeichen

Das einheitliche Klassifizierungsabzeichen wurde mit dem Befehl Nr. 49/62 des Ministers für Nationale Verteidigung vom 1. Juni 1962 eingeführt und

1.3.26. Einheitliches Klassifizierungsabzeichen (1963–1985)

1.3.27. Klassifizierungsabzeichen für Fliegeringenieurtechnisches Personal der Luftstreitkräfte (1968–1985)

1.3.28. Miniaturen der Klassifizierungsabzeichen (1964–1985 bzw. 1968–1985)

erstmals am 1. März 1963 an die Armeeangehörigen verliehen, für die es kein spezielles Klassifizierungsabzeichen mehr gab. Das Abzeichen zeigt ein rotes Quadrat, in dem das Staatswappen der DDR eingeprägt ist. Über dem Staatswappen ist die Leistungsklasse angeordnet. Am Quadrat befinden sich links und rechts gold- bzw. bronzefarbene Eichenlaubsymbole.

Anfangs war das Quadrat rot emailliert, später lackiert. Seit 1981 wurden die einheitlichen Klassifizierungsabzeichen rückseitig hohl geprägt hergestellt. Davon existieren auch Exemplare aus Stahlblech. Es wurden die Leistungsklassen I, II und III verliehen.

Diese Klassifizierungsabzeichen wurden von 1963 bis 1985 verliehen.

Klassifizierungsabzeichen für ingenieurtechnisches Personal der Luftstreitkräfte

Mit der Klassifizierungsordnung vom 4. Januar 1968 wurde das Klassifizierungsabzeichen für ingenieurtechnisches Personal der Luftstreitkräfte eingeführt.

Das Abzeichen zeigt ein himmelblau emailliertes Quadrat, in dem sich eine vierblättrige, von zwei Zahnkranzsegmenten umrandete Luftschraube befindet. Im oberen Teil des Quadrates ist ein farbig lackiertes Hoheitszeichen der Luftstreitkräfte und im unteren Teil die Leistungsklasse angeordnet. Am Quadrat befinden sich links und rechts je eine stilisierte goldfarbene Schwinge.

In der Klassifizierungsordnung vom 24. März 1977 wurde die Bezeichnung geändert in Klassifizierungsabzeichen für Fliegeringenieurtechnisches Personal.

Das Klassifizierungsabzeichen wurde von 1968 bis 1985 in den Leistungsklassen I, II und III verliehen.

Miniaturausführung der Klassifizierungsabzeichen

Mit dem Befehl Nr. 17/64 des Ministers für Nationale Verteidigung vom 17. Februar 1964 wurden Miniaturen der Klassifizierungsabzeichen für Flugzeugführer, Panzerfahrer, Offiziere der Volksmarine und für das einheitliche Klassifizierungsabzeichen

1.3.29. Klassifizierungsabzeichen für Panzer, Ketten- und Panzertechnik (seit 1986)

1.3.30. Klassifizierungsabzeichen für mot. Schützen (seit 1986)

eingeführt. Diese wurden erstmals ab 1. Januar 1965 verliehen, im Verlauf des Jahres 1965 wurden nachträglich Miniaturen für bereits verliehene Klassifizierungsabzeichen ausgegeben. Sie sind aus Buntmetall, 8 mm hoch und 31 mm breit und konnten an der zivilen Kleidung getragen werden. Sie waren anfangs gold-, später bronzefarben. Die Miniatur des Klassifizierungsabzeichens für ingenieurtechnisches Personal der Luftstreitkräfte wurde im Januar 1968 eingeführt.

Mit der Anordnung Nr. 05/85 des Ministers für Nationale Verteidigung vom 19. Juni 1985 erfolgte abermals eine Änderung von Zahl, Form und Bezeichnung der Klassifizierungsabzeichen. Diese Anordnung trat mit Wirkung vom 1. Dezember 1985 in Kraft. Die Verleihung der neuen Klassifizierungsabzeichen fand erstmals im April 1986 statt. Sie wurden beim Neuerwerb einer Klassifizierung, beim Erwerb einer höheren Leistungsklasse sowie nach Ablegen der Wiederholungsprüfung verliehen. Der Umtausch der Klassifizierungsabzeichen der alten Ausführung gegen entsprechende neuer Art erfolgte rückwirkend nur bis zum 1. Dezember 1982. Die Klassifizierungsabzeichen sind aus Stahlblech, 25 mm hoch und 86 mm breit, goldfarben und rückseitig hohl geprägt. Sie zeigen einen ovalen, goldfarbenen Lorbeerkranz, der oben durch das farbige Staatswappen der Deutschen Demokratischen Republik geschlossen wird. Im unteren Teil des Lorbeerkranzes befindet sich ein weißes Oval, auf dem die Leistungsklasse angegeben ist. Der Lorbeerkranz umschließt im Bild ein der Art des Klassifizierungsabzeichens entsprechendes Symbol auf farbigem Hintergrund. Symbol und Farbfläche sind mit Polyesterharz überzogen. Am Lorbeerkranz befinden sich links und rechts je ein goldfarbenes fünfteiliges Strahlenbündel.

Klassifizierungsabzeichen für Panzer, Ketten- und Panzertechnik

Das Abzeichen zeigt im Lorbeerkranz auf rosa Hintergrund das Bild eines von rechts nach links fahrenden Panzers. Es werden die Leistungsklassen I, II und III verliehen.

1.3.31. Klassifizierungsabzeichen für Raketentruppen, Fla-Raketentruppen und Truppenluftabwehr (seit 1986)

1.3.33. Klassifizierungsabzeichen für Nachrichten-, Funkmeß-, Waffenleit- und Führungstechnik sowie Technik des Funkelektronischen Kampfes (seit 1986)

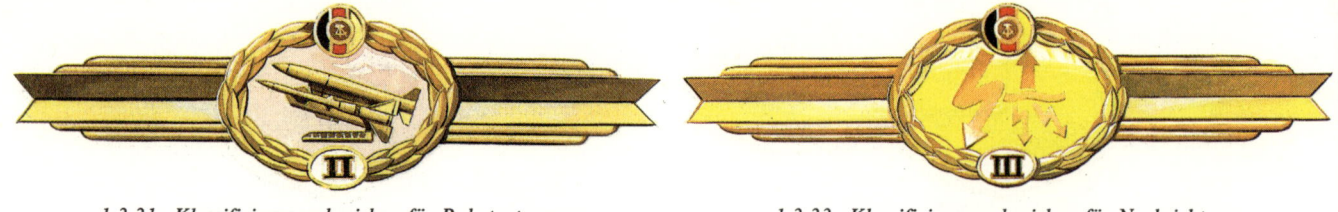

1.3.32. Klassifizierungsabzeichen für Artillerie und Sperrwaffen (seit 1986)

1.3.34. Klassifizierungsabzeichen für Rückwärtige Dienste (seit 1986)

Klassifizierungsabzeichen für mot. Schützen

Das Abzeichen zeigt im Lorbeerkranz auf weißem Hintergrund das Bild eines von rechts nach links fahrenden Schützenpanzerwagens. Es werden die Leistungsklassen I, II und III verliehen.

Klassifizierungsabzeichen für Raketentruppen, Fla-Raketentruppen und Truppenluftabwehr

Das Abzeichen zeigt im Lorbeerkranz auf weißem Hintergrund zwei von rechts nach links gerichtete Raketen auf einer Starteinrichtung. Es werden die Leistungsklassen I, II und III verliehen.

Klassifizierungsabzeichen für Artillerie und Sperrwaffen

Das Abzeichen zeigt im Lorbeerkranz auf ziegelrotem Hintergrund eine flammende, aufrecht stehende Granate vor zwei gekreuzten historischen Geschützrohren. Es werden die Leistungsklassen I, II und III verliehen.

Klassifizierungsabzeichen für Nachrichten-, Funkmeß-, Waffenleit- und Führungstechnik sowie Technik des Funkelektronischen Kampfes

Das Abzeichen zeigt im Lorbeerkranz auf gelbem Hintergrund einen von oben nach unten weisenden Blitz, rechts daneben eine Wellenlinie mit einem nach oben zeigenden Pfeil und zwei nach unten ausstrahlenden Blitzen. Es werden die Leistungsklassen I, II und III verliehen.

Klassifizierungsabzeichen für Rückwärtige Dienste

Das Abzeichen zeigt im Lorbeerkranz auf grünem Hintergrund einen Merkurstab sowie die Buchstaben RD. Es werden die Leistungsklassen I, II und III verliehen.

Klassifizierungsabzeichen für Raketen- und Waffentechnischen Dienst

Das Abzeichen zeigt im Lorbeerkranz auf ziegelro-

1.3.35. Klassifizierungsabzeichen für Raketen- und Waffentechnischen Dienst (seit 1986)

1.3.37. Klassifizierungsabzeichen für Pionierwesen und Chemische Dienste (seit 1986)

1.3.36. Klassifizierungsabzeichen für Kfz-Dienst (seit 1986)

1.3.38. Klassifizierungsabzeichen für Flugzeug- und Hubschrauberführer (seit 1986)

---

tem Hintergrund eine waagerechte Rakete vor zwei gekreuzten Geschützrohren. Es werden die Leistungsklassen I, II und III verliehen.

Klassifizierungsabzeichen für Kfz-Dienst

Das Abzeichen zeigt im Lorbeerkranz auf schwarzem Hintergrund das Bild eines von rechts nach links fahrenden Lastkraftwagens. Es werden die Leistungsklassen I, II und III verliehen.

Klassifizierungsabzeichen für Pionierwesen und Chemische Dienste

Das Abzeichen zeigt im Lorbeerkranz auf schwarzem Hintergrund einen schräg liegenden Anker, dessen Ankerstock von einem Zahnrad, in dem sich das Strahlenschutzsymbol befindet, verdeckt wird. Es werden die Leistungsklassen I, II und III verliehen.

Klassifizierungsabzeichen für Flugzeug- und Hubschrauberführer

Das Abzeichen zeigt im Lorbeerkranz auf hellblauem Hintergrund das Bild eines von rechts nach links fliegenden Flugzeuges. Es werden die Leistungsklassen I, II und III verliehen. Auf der Rückseite befinden sich die Befestigungsdrähte für die Flugstundenanhänger.

Anhänger für Flugstunden zum Klassifizierungsabzeichen für Flugzeug- und Hubschrauberführer

Zum Klassifizierungsabzeichen für Flugzeug- und Hubschrauberführer werden Anhänger für Flugstunden unabhängig von der erworbenen Leistungsklasse verliehen. Die Anhänger gleichen in Form, Größe und Kennzeichnung der Anzahl der Flugstunden den bisherigen, sind aber jetzt goldfarben und mit Polyesterharz überzogen. Zur Einführung neuer Klassifizierungsabzeichen wurden Muster von Flugstundenanhängern hergestellt. Diese sind aus Stahl-

1.3.39. Flugstundenanhänger für Flugzeugführer der Jagd-, Jagdbomben- und Aufklärungsfliegerkräfte (seit 1986)

1.3.40. Flugstundenanhänger für Hubschrauberführer und Flugzeugführer der Transportfliegerkräfte (seit 1986)

1.3.41. Muster Flugstundenanhänger (nicht verliehen)

1.3.42. Klassifizierungsabzeichen für Fliegeringenieurdienst (seit 1986)

1.3.43. Klassifizierungsabzeichen für Seemännisches Personal (seit 1986)

---

blech, 6 mm hoch und 21 mm breit. An einer rechteckigen Zahlentafel befinden sich links und rechts je ein stilisierter Lorbeerzweig. Über dem Rechteck sind Befestigungsösen angebracht. Auf dem rot bzw. blau lackierten Hintergrund des Rechtecks sind die Zahlen der Flugstunden eingeprägt. Diese Muster wurden nicht verliehen.

Klassifizierungsabzeichen für Fliegeringenieurdienst

Das Abzeichen zeigt im Lorbeerkranz auf hellblauem Hintergrund eine vierblättrige Luftschraube, die rechts und links von je einem Zahnkranzsegment umrandet wird.
Es werden die Leistungsklassen I, II und III verliehen.

Klassifizierungsabzeichen für Seemännisches Personal

Das Abzeichen zeigt im Lorbeerkranz auf dunkelblauem Hintergrund ein von rechts nach links fahrendes Boot. Es werden die Leistungsklassen I, II und III verliehen.

Klassifizierungsabzeichen für Schiffsmaschinenpersonal

Das Abzeichen zeigt im Lorbeerkranz auf dunkelblauem Hintergrund das Bild einer dreiflügeligen Schiffsschraube vor einem Zahnrad, welches rechts und links von zwei Blitzen begrenzt wird. Es werden die Leistungsklassen I, II und III verliehen.

Allgemeines Klassifizierungsabzeichen der NVA

Das Abzeichen zeigt im Lorbeerkranz auf dunkelrotem Hintergrund das Staatswappen der Deutschen Demokratischen Republik. Es werden die Leistungsklassen I, II und III verliehen.

1.3.44. Klassifizierungsabzeichen für Schiffsmaschinenpersonal (seit 1986)

1.3.46. Allgemeines Klassifizierungsabzeichen der Grenztruppen der DDR (seit 1986)

1.3.45. Allgemeines Klassifizierungsabzeichen der NVA (seit 1986)

Allgemeines Klassifizierungsabzeichen der Grenztruppen der DDR

Das Abzeichen zeigt auf hellgrünem Hintergrund eine Maschinenpistole vor einem Grenzpfahl. Es werden die Leistungsklassen I, II und III verliehen.

Literatur:

MA, VA – 01/3983; Befehl Nr. 13/60 des Ministers für Nationale Verteidigung vom 31.3.1960; MA, Pt 9741; AMBl, Teil B, Nr. 04/62; AMBl, Teil I, Nr. 14/64; AMBl, Teil II, Nr. 06/65; AMBl, Teil II, Nr. 33/65; AMBl, Teil II, Nr. 02/68; AMBl, Teil II, Nr. 06/73; AMBl, Teil II, Nr. 37/73; AMBl, Teil II, Nr. 07/74; AMBl, Nr. 28/77; AMBl, Nr. 64/82; AMBl, Nr. 48/85.

FALLSCHIRMSPRUNGABZEICHEN

Mit dem Befehl Nr. 82/66 des Ministers für Nationale Verteidigung vom 22. Dezember 1966 erfolgte die Einführung eines Fallschirmsprungabzeichens in der Nationalen Volksarmee. Dieses konnte an Fallschirmspringer verliehen werden, die in ihrer politischen und militärischen Haltung und Führung vorbildlich waren, zehn Sprünge mit dem Fallschirm in der Nationalen Volksarmee absolviert hatten und über die Packberechtigung für den Sprung- und Ersatzfallschirm verfügten.

Die erstmalige Verleihung des Fallschirmsprungabzeichens fand im Oktober 1967 statt.

Das Fallschirmsprungabzeichen wird über der rechten Brusttasche der Uniformjacke in der Reihenfolge nach dem Bestenabzeichen getragen. Das Abzeichen ist aus Buntmetall, 40 mm hoch und 22 mm breit. Auf der Rückseite befinden sich die Befestigungsdrähte für den Sprungzahlanhänger.

Auf blau emailliertem Hintergrund ist ein geöffneter Fallschirm abgebildet. Der Rand des Abzeichens sowie die Fangleinen sind silberfarben. Im

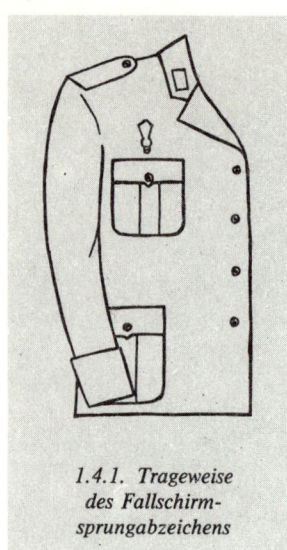

1.4.1. Trageweise des Fallschirmsprungabzeichens

1.4.2. Muster Fallschirmsprungabzeichen mit Anhänger (nicht verliehen)

1.4.3. Fallschirmsprungabzeichen (1967–1973)

1.4.4. Miniatur zum Fallschirmsprungabzeichen (1967–1973)

---

unteren Teil sind das farbige Staatsemblem zwischen zwei Eichenlaubzweigen, darüber eine Maschinenpistole aufgelegt. Es existieren auch Muster, die statt des Staatsemblems das farbig emaillierte Hoheitszeichen der Luftstreitkräfte zeigen. Diese Abzeichen wurden nicht verliehen.

Mit demselben Befehl wurde eine Miniatur des Fallschirmsprungabzeichens eingeführt. Diese ist ebenfalls aus Buntmetall, 23 mm hoch und 13 mm breit und kann an der zivilen Kleidung getragen werden. Der Hintergrund der Miniatur ist blau lackiert. Eichenlaubzweige und Maschinenpistole sind silberfarben.

Das Fallschirmsprungabzeichen wurde nach 10 Sprüngen verliehen. Für weitere Sprünge konnten Anhänger vergeben werden. Diese gab es für den 15., 25., 30., 40., 50., 75., 100., 150., 200., 300., 500., 800., 1000. und 1500. Sprung. Die Anhänger sind bronzefarben mit schwarzen Zahlen.

Am 19. September 1973 erließ der Minister für Nationale Verteidigung den Befehl Nr. 148/73 über die Verleihung von Fallschirmsprungabzeichen der Nationalen Volksarmee. Damit wurden die Bedingungen für die Verleihung sowie die Ausführung des Abzeichens verändert. Es wurde jetzt an Fallschirmspringer verliehen, die gute Ergebnisse in der politischen und Gefechtsausbildung erreichten, in ihrer politischen und militärischen Haltung und Führung vorbildlich waren sowie fünf Fallschirmsprünge in der NVA absolviert hatten.

Das Abzeichen hat die gleiche Größe und Form wie das von 1967, die Fangleinen des Fallschirms und der Rand des Abzeichens sind jetzt bronzefarben. Eichenlaubzweige und Maschinenpistole der Miniatur sind bronzefarben. Die Anhänger wurden erweitert um die Sprungzahlen 10, 400, 600, 700, 900, 1200, 2000, 2500 und 3000.

Am 21. November 1982 erließ der Stellvertreter des Ministers und Chef der Landstreitkräfte neue Bestimmungen zum Befehl Nr. 148/73 des Ministers für Nationale Verteidigung. Die Abzeichen wurden jetzt an Fallschirmspringer verliehen, die fünf Fallschirmsprünge in der Nationalen Volksarmee durchgeführt hatten oder die Anforderungen und Ziele der vormilitärischen Laufbahnausbildung „Fallschirmjäger" in der Gesellschaft für Sport und Technik erfüllt und den ersten Fallschirmsprung in der NVA absolviert hatten.

1.4.6. Miniatur zum Fallschirmsprungabzeichen (seit 1973)

1.4.5. Fallschirm-sprungabzeichen mit Anhänger (seit 1973)

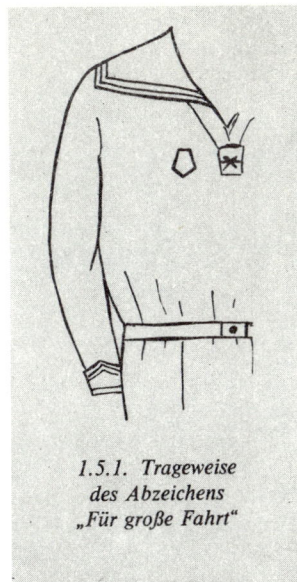

1.5.1. Trageweise des Abzeichens „Für große Fahrt"

1.5.2. Abzeichen „Für große Fahrt" (seit 1981)

Die in der Nationalen Volksarmee und der Gesellschaft für Sport und Technik geleisteten Fallschirmsprünge werden durch die Anhänger zum Abzeichen nachgewiesen.

Die Anhänger werden für die Durchführung des 10., 15., 25., 30., 40., 50., 75., 100., 200. bis 1000. (je volle 100), 1500 bis 5000. Sprunges (je volle 500) verliehen.

Literatur:
AMBl, Teil II, Nr. 01/67; AMBl, Teil II, Nr. 02/67; AMBl, Teil II, Nr. 46/73; AMBl, Teil II, Nr. 47/73; AMBl, Nr. 18/84.

ABZEICHEN „FÜR GROSSE FAHRT"

Am 27. Mai 1981 erließ der Minister für Nationale Verteidigung den Befehl Nr. 43/81 über die Einführung und Verleihung des Abzeichens der Volksmarine „Für große Fahrt". Das Abzeichen „Für große Fahrt" kann als nichtstaatliche Auszeichnung an alle Angehörigen und Zivilbeschäftigten der Volksmarine sowie in Ausnahmefällen auch an Angehörige ausländischer Flotten verliehen werden. Voraussetzung ist die Teilnahme an Sonderaufgaben oder eine bestimmte Anzahl zurückgelegter Seemeilen, bezogen auf einzelne Schiffstypen. Es ist auf der rechten Brustseite der Uniform unter dem Klassifizierungsabzeichen zu tragen.

Die ersten Abzeichen „Für große Fahrt" wurden im August 1981 verliehen.

Das fünfeckige Abzeichen ist aus Buntmetall, 45 mm hoch und 38 mm breit. Im oberen Teil sind die farbige Dienstflagge für Kampfschiffe und -boote der Volksmarine und darunter auf goldfarbenem Hintergrund die einzeilige Inschrift „FÜR GROSSE FAHRT" dargestellt. Links und rechts wird das Abzeichen von einer goldfarbenen Kette begrenzt, die links unten in einen Eichenlaubzweig und rechts unten in einen Lorbeerzweig übergeht, die beide an einem stehenden goldfarbenen Anker enden. Auf einer hellblauen, mit goldenen Wellenstreifen durchzogenen Fläche ist eine stilisierte Erdkugel mit einer Windrose abgebildet. Vor dunkelblauem Hintergrund ist ein von rechts nach links fahrendes Schiff zu sehen. Das Abzeichen ist mit Polyesterharz überzogen.

1.6.1. Bestenabzeichen
der Nationalen Volksarmee
(1964–1985)

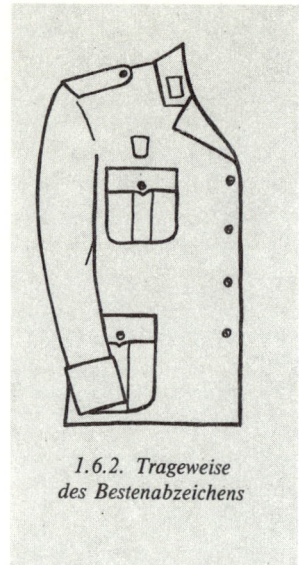

1.6.2. Trageweise
des Bestenabzeichens

1.6.3. Wiederholungsanhänger zum
Bestenabzeichen der Nationalen
Volksarmee
(1969–1982 Nr. 1 bis Nr. 25)
(1982–1985 Nr. 1 bis Nr. 3)

BESTENABZEICHEN

Das Bestenabzeichen der Nationalen Volksarmee

Die Anfänge der Bestenbewegung gehen zurück bis in die Anfangsjahre der bewaffneten Kräfte der Deutschen Demokratischen Republik. Bereits im Dezember 1953 riefen Angehörige der Kasernierten Volkspolizei nach dem Beispiel der fortschrittlichsten Arbeiter in der Produktion eine Bestenbewegung ins Leben. Diese hatte das Ziel, die Disziplin zu festigen und höhere Ergebnisse in der Ausbildung zu erreichen.

Am 16. April 1959 bestimmte der Minister für Nationale Verteidigung, Generaloberst Willi Stoph, in einer Direktive u.a. Ziele und Aufgaben des sozialistischen Wettbewerbs und der Bestenbewegung in der Nationalen Volksarmee. Damit wurden erstmals verbindliche Ziele und Aufgaben für die Bestenbewegung formuliert. Für vorbildliche kollektive Leistungen sollten künftig die Titel „Beste Gruppe", „Beste Bedienung", „Beste Besatzung", „Bester Zug", „Beste Gefechtsstation", „Bester Gefechtsabschnitt", „Beste Kompanie", „Beste Batterie", „Beste Kette" und „Bestes Boot" verliehen werden.

Anläßlich des 10. Jahrestages der Gründung der Deutschen Demokratischen Republik zeichnete der Minister für Nationale Verteidigung am 7. Oktober 1959 erstmals 15 Kollektive für hervorragende Leistungen mit dem Titel „Beste" aus. Insgesamt kämpften im Jahre 1959 4000 Kollektive um diese Auszeichnung.

Am 23. März 1964 erließ der Minister für Nationale Verteidigung, Armeegeneral Heinz Hoffmann, die „Ordnung über die Bestenbewegung in der Nationalen Volksarmee – Bestenordnung –". Damit war die Auszeichnung mit dem neugeschaffenen Bestenabzeichen der Nationalen Volksarmee ab Oktober 1964 möglich. Das Bestenabzeichen konnte an Soldaten, Unteroffiziere und Offiziersschüler verliehen werden, die gute Leistungen in der politischen Schulung und in allen militärischen Ausbildungszweigen erreichten, ihre Schießübungen und die Normen der militärischen Körperertüchtigung mindestens mit der Note „gut" absolvierten, die ihnen anvertraute Technik, Ausrüstung und Bewaffnung sorgsam pflegten und ständig einsatzbereit hielten sowie alle Forderungen der Dienstvorschriften vorbildlich erfüllten.

Das Bestenabzeichen ist aus Buntmetall, 38 mm hoch und 31 mm breit. Es zeigt auf rot emailliertem Hintergrund einen von rechts nach links gerichteten bronzefarbenen Soldatenkopf mit Stahlhelm. Unter dem Kopf befindet sich auf bronzefarbenem Hintergrund die dreizeilige Inschrift „DDR NATIONALE VOLKSARMEE". Die linke Seite des Abzeichens wird von einem bronzefarbenen Lorbeersymbol begrenzt. Soldatenkopf, Lorbeersymbol und Hintergrund waren anfangs goldfarben, später bronzefarben. Die Befestigung der Bestenabzeichen an der Uniform erfolgte zuerst mittels einer Schraube, im weiteren mit einer Nadel.

Das Bestenabzeichen wurde an der Uniform auf der rechten Seite, rechts neben oder unter staatlichen Auszeichnungen getragen.

Das Bestenabzeichen konnte mehrmals verliehen werden, es durften aber nicht mehr als drei Abzeichen gleichzeitig an der Uniform getragen werden. Nach der Entlassung aus dem aktiven Wehrdienst war das Tragen des Bestenabzeichens auch an der zivilen Kleidung erlaubt.

Am 7. Oktober 1964 wurde an Oberfeldwebel Franz aus dem Truppenteil „Julian Marchlewski" durch den Minister für Nationale Verteidigung das erste Bestenabzeichen der Nationalen Volksarmee verliehen. Insgesamt errangen 1964 26 000 Soldaten und Unteroffiziere sowie 3 000 Kollektive den Bestentitel.

1965 legte der Stellvertreter des Ministers für Nationale Verteidigung für Ausbildung in einer Ergänzung zur Bestenordnung fest, daß das Bestenabzeichen der Nationalen Volksarmee auch an Soldaten, Unteroffiziere und Offiziersschüler der befreundeten Armeen verliehen werden konnte.

Mit der „Ordnung über die Bestenbewegung in der Nationalen Volksarmee – Bestenordnung –" vom 31. August 1967 wurde die Einführung von Wiederholungsanhängern zum Bestenabzeichen der Nationalen Volksarmee festgelegt. Danach erfolgte bis zum Oktober 1968 nach jeder Wiederholung der Bedingungen zum Bestenabzeichen die Würdigung der Leistungen durch erneute Auszeichnungen mit dem Bestenabzeichen. Mit der ersten im April 1969 vorgenommenen Verleihung des Wiederholungsanhängers zum Bestenabzeichen war gleichzeitig der Umtausch der bereits verliehenen Bestenabzeichen gegen solche mit Anhängevorrichtung und ensprechendem Wiederholungsanhänger vorzunehmen.

Der Anhänger ist aus Buntmetall, 7 mm hoch und 17 mm breit. Auf rot emailliertem Hintergrund mit bronzefarbenem Rand befinden sich bronzefarbene arabische Zahlen.

Wiederholungsanhänger wurden von Nr. 1 bis Nr. 25 verliehen. Seit 1976 werden Bestenabzeichen und Wiederholungsanhänger lackiert und mit einem Polyesterharzüberzug versehen. Somit existieren die Wiederholungsanhänger 1 bis 18 emailliert und 1 bis 25 mit Polyesterharzüberzug. Es wurden auch lackierte Bestenabzeichen ohne Polyesterharzüberzug mit Befestigungsdrähten für Wiederholungsanhänger verliehen.

In der Direktive Nr. 02/82 des Ministers für Nationale Verteidigung über die Führung des sozialistischen Wettbewerbs vom 24. September 1982 wurden neue Bedingungen für den Erwerb des Bestenabzeichens festgelegt. Mit dem Bestenabzeichen konnten Soldaten, Unteroffiziers-, Fähnrich- und Offiziersschüler, Unteroffiziere und erstmals auch Fähnriche und Offiziere in den Dienststellungen Hauptfeldwebel, Zugführer und Kompaniechef ausgezeichnet werden. Es konnte nur noch derjenige mit dem Bestenabzeichen ausgezeichnet werden, der im Besitz aller anderen für seine Dienststellung möglichen Soldatenauszeichnungen war, d. h., er mußte das Sportabzeichen, das Militärsportabzeichen, das Abzeichen „Für gutes Wissen", die Schützenschnur (Soldaten und Unteroffiziere) und – wenn es die Dienststellung erforderte – auch das Klassifizierungsabzeichen besitzen. Damit erhielt das Bestenabzeichen als Auszeichnung einen qualitativ sehr hohen Stellenwert. Das fand auch seinen Ausdruck darin, daß der Wiederholungsanhänger zum Bestenabzeichen nur noch bis zur dreimaligen Wiederholung verliehen wurde. Bei fünfmaliger Erfüllung der Bedingungen zur Verleihung des Bestenabzeichens wurde die Auszeichnung mit dem Leistungsabzeichen der NVA vorgenommen. Bei siebenmaliger Erfüllung der Bedingungen erfolgte die Auszeichnung mit der Verdienstmedaille der

1.6.4. Muster
Bestenabzeichen der NVA
(nicht verliehen)

1.6.5. Bestenabzeichen
der Nationalen Volksarmee
(seit 1986)

1.6.6. Bestenabzeichen der
Zivilverteidigung (seit 1971)

1.6.7. Wiederholungsanhänger zum
Bestenabzeichen der Zivilverteidigung
(1981 bis 1985 Nr. 1 bis Nr. 10)
(seit 1985 Nr. 1 bis Nr. 5)

NVA in Bronze, bei neunmaliger Erfüllung mit der Verdienstmedaille der NVA in Silber und bei zwölfmaliger Erfüllung mit der Verdienstmedaille der NVA in Gold.

Die Verleihung des Titels „Bester" war gleichzeitig verbunden mit dem Fotografieren vor der Truppenfahne bzw. mit der Eintragung in das Ehrenbuch des Truppenteils. Weiterhin war die Verleihung des Bestenabzeichens bzw. des Wiederholungsanhängers mit finanziellen Zuwendungen, gestaffelt von 100,00 M bis 500,00 M, verbunden.

Mit der Neufassung der Direktive Nr. 02/82 des Ministers für Nationale Verteidigung über die Führung des sozialistischen Wettbewerbes vom 17. September 1984 wurde festgelegt, daß alle Fähnriche und Offiziere bis zur Führungsebene Kompanie das Bestenabzeichen erwerben können.

In Vorbereitung auf die Einführung neuer Bestenabzeichen wurden 1984 Muster eines neuen Bestenabzeichens hergestellt. Das Abzeichen ist 36 mm hoch und 28 mm breit. Es besteht aus Stahlblech. Ein Lorbeerkranz, der unten vom farbigen Staatswappen der Deutschen Demokratischen Republik und oben durch das Wort „BESTER" geschlossen wird, umrahmt das Brustbild eines nach links schauenden Soldaten mit Stahlhelm auf rot lackiertem Hintergrund.

Auf der Rückseite ist eine Anhängevorrichtung für Wiederholungsanhänger angebracht. Es war vorgesehen, die Wiederholungsanhänger Nr. 1 bis Nr. 3 zu verleihen. Der Anhänger ist aus Stahlblech, 6 mm hoch und 9 mm breit. Auf weiß lackiertem Hintergrund mit Goldrand befinden sich schwarze arabische Zahlen. Die im Umlauf befindlichen Stücke sind Muster, sie wurden nicht verliehen.

Mit der Anordnung Nr. 5/85 des Ministers für Nationale Verteidigung vom 19. Juni 1985 wurden mit Wirkung vom 1. Dezember 1985 neue Bestenabzeichen in der Nationalen Volksarmee eingeführt. Diese wurden erstmals im April 1986 verliehen.

Bei Bestenabzeichen, die nach dem 1. Dezember 1982 an Soldaten und Unteroffiziere verliehen wurden, erfolgte ein Umtausch gegen neue Bestenabzeichen. An Fähnriche und Offiziere, die nach dem 1. Dezember 1982 den Bestentitel erworben hatten, wurde das Bestenabzeichen mit der entsprechenden Zahl nachträglich übergeben. Das schildförmige, goldfarbene Abzeichen ist aus Stahlblech. Es ist

45 mm hoch und 34 mm breit. Auf rot lackiertem Hintergrund sind links und rechts je vier Eichenlaubblätter zu sehen. Am Lauf einer Maschinenpistole mit aufgepflanztem Bajonett befindet sich die einzeilige Inschrift „BESTER". Im unteren Teil des Abzeichens ist eine herausschraubbare Zahl angebracht. Abzeichen und Zahl sind mit Polyesterharz überzogen.

Bei der ersten Erringung des Bestentitels erfolgt die Verleihung des Bestenabzeichens mit der Zahl 1. Beim Erwerb des 2. bis 4. Bestentitels werden nur die einschraubbaren Zahlen 2 bis 4 ausgehändigt.

Das Bestenabzeichen der Zivilverteidigung

Zu den Aufgaben der Zivilverteidigung der DDR gehört es, die Bevölkerung, die Volkswirtschaft, die lebensnotwendigen Einrichtungen und kulturellen Werte vor den Folgen von Katastrophen und Havarien zu schützen.

Am 11. Februar 1958 beschloß die Volkskammer der DDR das „Gesetz über den Luftschutz in der Deutschen Demokratischen Republik". Das war die Geburtsstunde der Zivilverteidigung in der DDR. Mit der Annahme des „Gesetzes über die Zivilverteidigung der DDR" am 16. September 1970 wurde den wachsenden Erfordernissen eines wirksamen Bevölkerungsschutzes und der Sicherung lebenswichtiger Bereiche der sozialistischen Gesellschaft Rechnung getragen. Die Zivilverteidigung unterstand dem Minister des Innern, der gleichzeitig Leiter der Zivilverteidigung war.

Am 1. Juni 1976 wurde dem Minister für Nationale Verteidigung die Zivilverteidigung führungsgemäß unterstellt. Am 20. Februar 1971 erließ der Minister des Innern und Leiter der Zivilverteidigung, Generaloberst Friedrich Dickel, die Anweisung ZV 6/71 über die Einführung des Bestenabzeichens der Zivilverteidigung. Damit konnte ab 1. März 1971 an ehrenamtlich in der Zivilverteidigung tätige Bürger der Deutschen Demokratischen Republik das Bestenabzeichen der Zivilverteidigung verliehen werden. Das schildförmige Abzeichen ist aus Buntmetall, 39 mm hoch und 31 mm breit. Über dem farbigen Symbol der Zivilverteidigung ist auf weißem Hintergrund die einzeilige Inschrift „BESTER" zwischen zwei stilisierten Eichenlaubblättern angeordnet. Das Abzeichen ist farbig emailliert.

Seit 1976 erfolgte die Herstellung der Bestenabzeichen der Zivilverteidigung mit Polyesterharzüberzug, wobei zwischenzeitlich auch lackierte Bestenabzeichen ohne Polyesterharzüberzug verliehen wurden. Die Abzeichen sind aus Buntmetall oder aus Stahlblech.

Mit der Ordnung ZV 1/81 des Leiters der Zivilverteidigung der DDR über die „Führung des sozialistischen Wettbewerbs in der Zivilverteidigung – Wettbewerbsordnung der ZV-" vom 20. Januar 1981 wurden ab 1. Februar 1981 Wiederholungsanhänger zum Bestenabzeichen der Zivilverteidigung eingeführt. Auf der Rückseite der Bestenabzeichen ist eine Anhängevorrichtung für Wiederholungsanhänger angebracht. Der Wiederholungsanhänger ist aus Buntmetall, 7 mm hoch und 17 mm breit. Auf rotem Hintergrund mit bronzefarbenem Rand befinden sich bronzefarbene arabische Zahlen. Der Anhänger ist mit Polyesterharz überzogen.

Nach Erlaß der Anordnung 3/85 des Leiters der Zivilverteidigung der DDR über die „Anordnung zur Direktive des Ministers für Nationale Verteidigung zur Führung des sozialistischen Wettbewerbs" vom 11. Februar 1985 wurden für fünfmalige Wiederholung der Erringung des Bestentitels nur noch die Wiederholungsanhänger Nr. 1 bis Nr. 5 zum Bestenabzeichen der Zivilverteidigung verliehen.

Das Bestenabzeichen der Grenztruppen der DDR

Im März 1980 wurde durch den Minister für Nationale Verteidigung die Einführung des Bestenabzeichens der Grenztruppen der DDR bestätigt. Dieses Bestenabzeichen wurde erstmals im Oktober 1981 anläßlich des 35. Jahrestages der Grenztruppen der DDR verliehen. Das Bestenabzeichen ist aus Buntmetall, 38 mm hoch und 31 mm breit. Es zeigt auf rot lackiertem Hintergrund einen von rechts nach links gerichteten bronzefarbenen Soldatenkopf mit Stahlhelm. Unter dem Kopf befindet sich auf bronzefarbenem Hintergrund die dreizeilige Inschrift „GRENZTRUPPEN DER DDR". Die linke Seite

1.6.8. Bestenabzeichen der Grenztruppen der DDR (1981–1985)

1.6.9. Muster Bestenabzeichen der Grenztruppen der DDR (nicht verliehen)

1.6.10. Bestenabzeichen der Grenztruppen der DDR (seit 1986)

1.7.1. Sportabzeichen der DDR

des Abzeichens wird von einem bronzefarbenen Lorbeersymbol begrenzt. Das Abzeichen ist mit Polyesterharz überzogen. Auf der Rückseite befindet sich eine Anhängevorrichtung für Wiederholungsanhänger.

Der Wiederholungsanhänger zum Bestenabzeichen der Grenztruppen der DDR entspricht in Form und Farbe dem Wiederholungsanhänger zum Bestenabzeichen der NVA.

In Vorbereitung auf die Einführung neuer Bestenabzeichen wurden 1984 Muster eines neuen Bestenabzeichens hergestellt. Das Abzeichen entspricht in Maßen und Materialbeschaffenheit dem Muster des Bestenabzeichens der NVA. Das Brustbild des Soldaten befindet sich auf grünem Hintergrund.

Auf der Rückseite ist eine Anhängevorrichtung angebracht. Die Wiederholungsanhänger haben die gleiche Form wie für das Muster des Bestenabzeichens der NVA.

Diese Bestenabzeichen wurden nicht in den Grenztruppen der DDR eingeführt. Die im Umlauf befindlichen Stücke sind Muster, sie wurden nicht verliehen.

Mit der Anordnung Nr. 05/85 des Ministers für Nationale Verteidigung vom 19. Juni 1985 wurden mit Wirkung vom 1. Dezember 1985 auch in den Grenztruppen der DDR neue Bestenabzeichen eingeführt. Die Verleihungsbedingungen entsprechen denen für das Bestenabzeichen der NVA. Das Abzeichen gleicht in Maßen und Materialbeschaffenheit dem Bestenabzeichen der NVA. Waffe, Eichenlaubblätter und Schrift befinden sich auf grünem Hintergrund.

Literatur:

AMBl, Teil I, Nr. 26/64; AMBl, Teil I, Nr. 30/65; AMBl, Nr. 5/67; AMBl, Nr. 31/67; AMBl, Nr. 64/82; AMBl, Nr. 48/85; Anweisung ZV 06/71; Ordnung ZV 01/81.

MILITÄRSPORTABZEICHEN

Die Erfüllung des militärischen Klassenauftrages erfordert von den Angehörigen der Nationalen Volksarmee stets neben einem festen Klassenstandpunkt und der meisterhaften Beherrschung der Waffen und Kampftechnik eine hohe physische und psychische Leistungsfähigkeit, Ausdauer und Widerstands-

   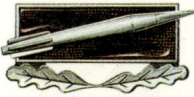 

1.7.2. *Kampfsportnadel der Nationalen Volksarmee in den Stufen Gold, Silber und Bronze (1966–1968)*

in zeitlichen Varianten

fähigkeit. Der Sport war dabei ein wichtiges Mittel, um die Entwicklung dieser Verhaltensweisen und Eigenschaften zu unterstützen. So stand dann auch der Erwerb des Sportabzeichens der DDR folgerichtig im Mittelpunkt der militärischen Körperertüchtigung.

Das 1965 neu herausgegebene Programm des Sportabzeichens der DDR „Bereit zur Arbeit und zur Verteidigung der Heimat" sah vor, daß Angehörige der bewaffneten Organe einen Kampfsportanhänger zum Sportabzeichen erwerben konnten. Dazu sollten drei Übungen des militärischen Dreikampfes erfüllt werden. Dieser Kampfsportanhänger zum Sportabzeichen wurde vermutlich nicht verliehen. Es konnten keine Exemplare nachgewiesen werden.

Kampfsportnadel der Nationalen Volksarmee

Ab 1. Juni 1966 konnten Soldaten, Unteroffiziere und Offiziere die Kampfsportnadel der Nationalen Volksarmee als militärsportliches Leistungsabzeichen erwerben. Voraussetzung dafür war der Besitz des Sportabzeichens der DDR in Silber oder Gold.

Danach konnten im Verlauf eines Jahres die Bedingungen für die Kampfsportnadel in den Disziplinen Sturmbahn oder 30-km-Eilmarsch, Handgranatenzielwurf und Schießen mit MPi oder Pistole erfüllt werden. Die Kampfsportnadel wurde in den Stufen Gold, Silber und Bronze verliehen.

Sie ist aus Buntmetall, 12 mm hoch und 26 mm breit. Auf einem rot emaillierten Rechteck befindet sich eine von links unten nach rechts oben zeigende Rakete. Unter dem Rechteck sind zwei Eichenlaubblätter angeordnet. Rakete und Eichenlaubblätter sind gold-, silber- oder bronzefarben. Die Kampfsportnadel wurde von 1966 bis 1968 verliehen.

Militärsportabzeichen der Nationalen Volksarmee

Am 15. November 1968 erließ der Minister für Nationale Verteidigung die „Ordnung über das Militärsportabzeichen der Nationalen Volksarmee – Militärsportabzeichenordnung –". Diese trat mit Wirkung vom 1. Dezember 1968 in Kraft. Gleichzeitig damit traten die Bestimmungen über die Kampf-

1.7.3. Militärsportabzeichen der NVA (seit 1969)

1.7.4. Muster Militärsportabzeichen (nicht verliehen)

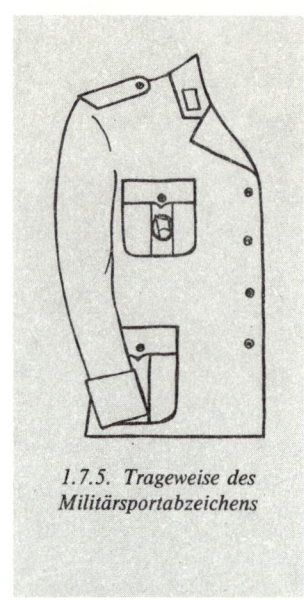

1.7.5. Trageweise des Militärsportabzeichens

sportnadel der Nationalen Volksarmee außer Kraft. Die ersten Militärsportabzeichen wurden im April 1969 verliehen. Das Militärsportabzeichen konnten alle Armeeangehörigen und Zivilbeschäftigten der NVA erwerben, wenn sie im Verlauf eines Ausbildungsjahres die Bedingungen in fünf Pflichtübungen und zwei waffengattungsspezifischen Wahlübungen entsprechend ihrer Altersgruppe erfüllten.

Das aus Buntmetall oder aus Stahlblech bestehende Militärsportabzeichen ist 44 mm hoch und 36 mm breit. Im ovalen Abzeichen ist eine Bajonettspitze zu sehen, an der sich eine Fahne befindet. In der Fahne ist die einzeilige Inschrift „NVA" angeordnet. Im unteren Teil des Ovals befinden sich zwei stilisierte Ähren, die jeweils in einen Lorbeerzweig auslaufen, sowie Hammer und Zirkel. Im oberen Teil ist die Umschrift „FÜR UNSERE ARBEITER-UND-BAUERN-MACHT" angeordnet. Motive und Schrift sind erhaben geprägt.

Die Tragezeit des Militärsportabzeichens war unbegrenzt.

Am 24. April 1973 wurde durch den Minister für Nationale Verteidigung eine neue Militärsportabzeichenordnung erlassen, die am 1. Juni 1973 in Kraft trat. Zum Erwerb des Militärsportabzeichens waren die Bedingungen in fünf Pflichtübungen (Sturmbahn oder Hindernisbahn, Handgranatenweitzielwurf, Lauf, Uniformschwimmen und Schießen) sowie zwei waffengattungsspezifischen Wahlübungen zu erfüllen. Die Verleihung des Militärsportabzeichens galt gleichzeitig als Wiederholung des Sportabzeichens der DDR in Gold und wurde mit vier Punkten für den Erwerb der Sportabzeichenmedaille bewertet. In der Direktive Nr. 02/82 des Ministers für Nationale Verteidigung über die Führung des sozialistischen Wettbewerbes vom 24. September 1982 wurden die Bedingungen für den Erwerb des Militärsportabzeichens neu festgelegt. Das Militärsportabzeichen wurde verliehen, wenn der Bewerber im Besitz der Schwimmstufe II und des Sportabzeichens der DDR in Gold war und der Altersklasse entsprechend drei oder vier Pflichtübungen (Sturmbahn, 3000-m-Lauf, Handgranatenwurf und Klimmziehen) sowie eine Wahlübung absolvierte. Neu an dieser Regelung war, daß das Schießen mit der strukturmäßigen Waffe für die Bewerber des Militärsportabzeichens entfiel. Die Bedingungen für das Militärsportabzeichen mußten nach zwei Jahren

1.8.2. Abzeichen für Schützenschnur Schützenwaffen (seit 1957)

1.8.1. Schützenschnur ohne Abzeichen mit Eichel (verkleinert)

wiederholt werden. Nach fünfmaliger Wiederholung, bei Überschreitung der Altersgrenze von 50 Jahren und bei ehrenhaftem Ausscheiden aus dem aktiven Wehrdienst durfte das Militärsportabzeichen weiter getragen werden.

Mit der Neufassung der Direktive Nr. 02/82 des Ministers für Nationale Verteidigung über die Führung des sozialistischen Wettbewerbes vom 17. September 1984 wurden die Bedingungen für den Erwerb des Militärsportabzeichens durch weibliche Armeeangehörige geregelt.

Zur Einführung eines neuen Militärsportabzeichens wurden 1984 Muster hergestellt. Das ovale Abzeichen ist 41 mm hoch und 30 mm breit. Es besteht aus Stahlblech und zeigt einen von rechts nach links einen Graben überwindenden Soldaten mit Stahlhelm und Maschinenpistole. Im unteren Teil des Ovals befindet sich ein Lorbeersymbol. Im oberen Teil sind eine rot lackierte, stilisierte, dreispurige Laufbahn sowie das Staatswappen der DDR angeordnet.

Dieses Militärsportabzeichen wurde nicht in der NVA eingeführt. Die im Umlauf befindlichen Stücke sind Muster; sie wurden nicht verliehen.

Es wird nach wie vor das Militärsportabzeichen von 1968 verliehen.

Das Militärsportabzeichen wird auf der Falte der rechten Brusttasche bzw. bei Uniformjacken ohne Brusttasche auf gleicher Höhe getragen. Träger des Militärsportabzeichens tragen auf der Uniform kein Sportabzeichen der DDR.

Literatur:

AMBl, Teil I, Nr. 44/68; AMBl, Teil I, Nr. 17/73.

SCHÜTZENSCHNUR

Die Schützenschnur wird in der Nationalen Volksarmee als Auszeichnung an Soldaten, Matrosen, Unteroffiziere, Maate, Unteroffiziers-, Fähnrich- und Offiziersschüler verliehen,
– die in ihrer politischen und militärischen Haltung vorbildlich sind;
– deren Waffen ständig in gutem Zustand und einsatzbereit sind;
– die bei den Schießübungen die Bedingungen für die Schützenschnur erfüllen.

Am 22. Juni 1957 erließ der Minister für Nationale Verteidigung den Befehl Nr. 49/57 über die Einführung von Dienstlaufbahnabzeichen und der Schützenschnur in der Nationalen Volksarmee. Darin war u. a. festgelegt, daß bis zum 31. Dezember 1957 in der Nationalen Volksarmee Schützenschnüre einzuführen sind. Die erste Verleihung einer Schützenschnur erfolgte im November 1957. Bei der erstmaligen Erfüllung der Bedingungen wurde die Schützenschnur verliehen (Stufe I), bei wiederholter Verleihung (Stufe II bis IV) jeweils eine Eichel. Die ungefähr 35 cm lange Schützenschnur besteht aus geflochtenem silberfarbenem Aluminiumgespinst. Die Eicheln sind im unteren Drittel der Schnur befestigt.

Entsprechend der Art der Schützenschnur ist ein Abzeichen aufgesetzt. Die 50 mm hohen und 45 mm breiten silberfarbenen Abzeichen zeigen in einem Eichenlaubkranz für Schützenwaffen zwei gekreuzte Gewehre, für Artillerie eine aufrechtstehende flammende Granate und für Panzer einen von links nach rechts fahrenden Panzer.

1.8.3. Abzeichen für Schützenschnur Panzer (1957–1960)

1.8.4. Abzeichen für Schützenschnur Artillerie (1957–1960)

1.8.5. Schützenschnur für Seestreitkräfte ohne Abzeichen mit Eichel (verkleinert)

1.8.6. Abzeichen für Schützenschnur Schützenwaffen der Seestreitkräfte (seit 1957)

Die Schützenschnur für Schützenwaffen wurde von 1957 bis 1960 in vier Stufen verliehen.

Die Schützenschnur für Panzer wurde von 1957 bis 1960 in zwei Stufen verliehen.

Die Schützenschnur für Artillerie wurde von 1957 bis 1960 in zwei Stufen verliehen.

Für die Seestreitkräfte besteht die Schützenschnur aus dunkelblauem Geflecht.

Die 50 mm hohen und 45 mm breiten goldfarbenen Abzeichen zeigen in einem Eichenlaubkranz für Schützenwaffen zwei gekreuzte Gewehre und für das Schießen mit Torpedos einen von rechts nach links gerichteten Torpedo. Das vorhandene silberfarbene Stück mit Torpedo ist als Muster einzustufen, da nur goldfarbene Stücke verliehen wurden. Nach der „Vorläufigen Bekleidungsordnung der Nationalen Volksarmee", DV 10/5, Ausgabe 1957, sollte an Angehörige der Seestreitkräfte auch das goldfarbene Abzeichen für Schützenschnüre der Artillerie verliehen werden. Diese konnten jedoch nicht nachgewiesen werden.

Die Schützenschnur für Schützenwaffen der Seestreitkräfte wurde von 1957 bis 1960 in zwei Stufen verliehen.

Die Schützenschnur für Torpedo wurde in den Seestreitkräften von 1957 bis 1960 in zwei Stufen verliehen.

Gemäß Befehl Nr. 12/59 des Ministers des Innern vom 1. April 1959 wurden die Schützenschnüre für Schützenwaffen, Artillerie und Panzer auch an Mannschaften, Unterführer und Offiziersschüler der Deutschen Grenzpolizei, Bereitschaftspolizei und der VP-Bereitschaften Berlin folgendermaßen verliehen:
– Schützenschnur für Schützenwaffen in vier Stufen;
– Schützenschnur für Schützenwaffen für Deutsche Grenzpolizei See in zwei Stufen;
– Schützenschnur für Panzer in zwei Stufen;
– Schützenschnur für Artillerie in zwei Stufen.
Die Schützenschnur besteht aus gründurchwirktem silberfarbenem Aluminiumgespinst (10 Teile silberfarben, 2 Teile grün), für die Deutsche Grenzpolizei

1.8.7. Abzeichen für Schützenschnur Torpedo der Seestreitkräfte (Muster, nicht verliehen)

1.8.8. Abzeichen für Schützenschnur Torpedo der Seestreitkräfte (1957–1960)

1.8.9. Schützenschnur ohne Abzeichen für Deutsche Grenzpolizei, Bereitschaftspolizei, VP-Bereitschaften Berlin (verkleinert) (1959–1961)

1.8.10. Schützenschnur ohne Abzeichen für Deutsche Grenzpolizei See (1959–1961)

See aus dunkelblauem Geflecht (10 Teile dunkelblau, 2 Teile grün).

Die Abzeichen für die Schützenschnur entsprechen denen der Nationalen Volksarmee.

Mit dem Befehl Nr. 63/60 des Ministers für Nationale Verteidigung vom 1. November 1960 erfolgte eine Änderung der Schützenschnüre ab 1. Dezember 1960. Diese wurden jetzt an Soldaten, Matrosen, Flieger, Unteroffiziere, Maate, Unteroffiziers- und Offiziersschüler aller Waffengattungen und Spezialeinheiten nur noch für das Schießen mit Schützenwaffen in drei Stufen verliehen. Für die Stufe I wurde die Schützenschnur, für jede weitere Stufe eine Eichel verliehen. Die nach den bisherigen Bestimmungen erworbene Schützenschnur, gleich welcher Stufe, blieb im Besitz der Armeeangehörigen und galt als Voraussetzung für den Erwerb der nächsthöheren Stufe der Schützenschnur. Damit gab es in der Nationalen Volksarmee nur noch die Schützenschnüre für Schützenwaffen mit silberfarbenem Aluminiumgespinst und silberfarbenem Abzeichen sowie mit dunkelblauem Geflecht und goldfarbenem Abzeichen.

In der Direktive Nr. 02/82 des Ministers für Nationale Verteidigung über die Führung des sozialistischen Wettbewerbes vom 24. September 1982 wurde festgelegt, daß die Schützenschnur für das Schießen mit Panzerbewaffnung, für das Schießen mit SPW-/SPz-Bewaffnung, für das Schießen der Artillerie im direkten Schuß sowie den Start von Panzerabwehrlenkraketen und für das Schießen mit Schützenwaffen in vier Stufen an Soldaten, Unteroffiziere, Unteroffiziers-, Fähnrich- und Offiziersschüler verliehen werden konnte. Für die Stufe I wurde die Schützenschnur, für die Stufen II bis IV je eine Eichel verliehen. Die Armeeangehörigen wurden in allen angeführten Waffengattungen nach wie vor mit der Schützenschnur für Schützenwaffen in der Form von 1960 ausgezeichnet.

Mit der Anordnung Nr. 05/85 des Ministers für Nationale Verteidigung vom 19. Juni 1985 wurden mit Wirkung vom 1. Dezember 1985 neue Schützenschnüre in der Nationalen Volksarmee eingeführt. Diese wurden erstmals im April 1986 verliehen. Dabei wurden früher verliehene Schützenschnüre entsprechend den Arten umgetauscht, wenn der Erwerb nach dem 1. Dezember 1982 erfolgte. Die Schützen-

1.8.11. *Abzeichen für Schützenschnur Schützenwaffen (seit 1986)*

1.8.12. *Abzeichen für Schützenschnur Schützenwaffen der Grenztruppen der DDR (seit 1986)*

schnur für Angehörige der Landstreitkräfte, Luftstreitkräfte/Luftverteidigung sowie der Grenztruppen der DDR besteht aus silberfarbenem Aluminiumgespinst und gleichfarbigem Abzeichen, für Angehörige der Volksmarine, der Grenzbrigade KÜSTE und der Bootskompanien der Grenztruppen der DDR aus dunkelblauem Geflecht und goldfarbenem Abzeichen. Die Abzeichen für die Schützenschnur sind jetzt 51 mm hoch und 46 mm breit. Der Eichenlaubkranz ist nicht wie bei den vor 1986 verliehenen Schützenschnüren plastisch, sondern flach dargestellt.

Die Schützenschnur für Schützenwaffen der Angehörigen der Landstreitkräfte, Luftstreitkräfte/Luftverteidigung und der Volksmarine zeigt im Eichenlaubkranz zwei gekreuzte Gewehre.
Die Schützenschnur für Schützenwaffen der Angehörigen der Grenztruppen der DDR, der Grenzbrigade KÜSTE und der Bootskompanien der Grenztruppen der DDR zeigt im Eichenlaubkranz eine Maschinenpistole vor einem Grenzpfahl.
Die Schützenschnur für Artillerie zeigt im Eichenlaubkranz eine Rakete vor zwei gekreuzten historischen Geschützrohren.

Die Schützenschnur für Turmbewaffnung Panzer zeigt im Eichenlaubkranz einen von rechts nach links fahrenden Panzer.

Die Schützenschnur für Turmbewaffnung SPz/SPW zeigt im Eichenlaubkranz einen von rechts nach links fahrenden Schützenpanzer.

Trageweise der Schützenschnur

Von 1957 bis 1979 trugen Angehörige der Landstreitkräfte, Luftstreitkräfte/Luftverteidigung und der Grenztruppen der DDR die Schützenschnur von der rechten Schulterklappenschlaufe zum zweiten oberen Knopf des Uniformrockes. An der offenen zweireihigen Ausgangsjacke wurde die Schützenschnur von der rechten Schulterklappenschlaufe bis etwa 12 cm über dem oberen Knopf unter dem Revers getragen.

Seit 1. Oktober 1979 wird die Schützenschnur an der offenen einreihigen Uniformjacke von der rechten Schulterklappenschlaufe zum oberen Knopf der Uniformjacke getragen.

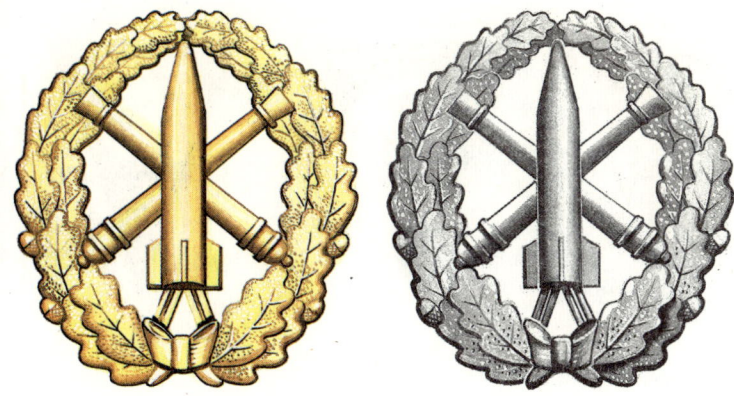

1.8.13. Abzeichen für Schützenschnur Artillerie (seit 1986)

1.8.14. Abzeichen für Schützenschnur Turmbewaffnung Panzer (seit 1986)

1.8.15. Abzeichen für Schützenschnur Turmbewaffnung SPz/SPW (seit 1986)

Matrosen, Unteroffiziersschüler, Maate, Fähnrichschüler und Offiziersschüler der Volksmarine bis 2. Lehrjahr trugen und tragen die Schützenschnur am Kieler Hemd von der rechten Schulternaht, 7 cm von der Ärmelnaht entfernt, zum Knoten des Halstuches, am Überzieher von der rechten Schulterklappenschlaufe zum oberen Knopf. Meister und Offiziersschüler der Volksmarine ab 3. Lehrjahr trugen und tragen die Schützenschnur von der rechten Schulterklappenschlaufe zum oberen Knopf der Uniformjacke. Die Schützenschnur wird nur zur Parade, zum Ausgang und Urlaub bzw. auf besonderen Befehl getragen. Nach der Ernennung zum Fähnrich oder zum ersten Offiziersdienstgrad darf die Schützenschnur nicht mehr getragen werden.

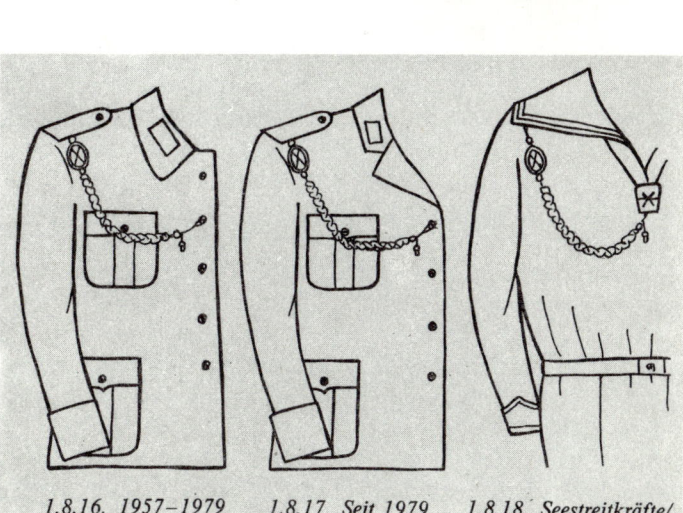

1.8.16. 1957–1979   1.8.17. Seit 1979   1.8.18. Seestreitkräfte/
Trageweise der Schützenschnur   Volksmarine

Literatur:
MA, VA – 01/1831; MA, Pt 14238; DV 10/5, Ausgabe 1957; AMBl, Teil A, Nr. 18/60; AMBl, Teil I, Nr. 47/63; AMBl, Teil I, Nr. 48/63; AMBl, Nr. 64/82; AMBl, Nr. 48/85; K.-U. Keubke, „Die Schützenschnur". In: Visier, H. 12/83.

1.9.1. Absolventenabzeichen der Militärakademie „Friedrich Engels" (1962–1975)

1.9.2. Absolventenabzeichen der Militärakademie „Friedrich Engels" (1975–1986)

1.9.3. Absolventenabzeichen der Militärakademie „Friedrich Engels" (seit 1987)

1.9.4. Absolventenabzeichen der Militärmedizinischen Sektion an der Ernst-Moritz-Arndt-Universität (1965–1975)

1.9.5. Absolventenabzeichen der Militärmedizinischen Sektion an der Ernst-Moritz-Arndt-Universität (1975–1986)

ABSOLVENTENABZEICHEN VON LEHREINRICHTUNGEN

Mit der Schaffung der Nationalen Volksarmee kamen etwa 80 Prozent der Offiziere aus der Arbeiterklasse und aus anderen werktätigen Schichten. Davon hatte ein großer Teil nur die achtklassige Grundschule besucht. Auf die Dauer reichte dieses Wissen für die Aufgabenerfüllung eines Offiziers nicht aus. So wurde dann folgerichtig zur Aneignung von Allgemeinbildung und fachlichem Wissen ein System der Aus- und Weiterbildung geschaffen. Besaßen 1956 nur 34 Prozent der Offiziere einen Hoch- und Fachschulabschluß, so waren es 1981 bereits über 90 Prozent. Neben dem Studium an Militärakademien der Sowjetunion absolvierten zahlreiche Offiziere ein Studium an militärischen und zivilen Hochschulen der DDR und schlossen dieses mit einem Diplom ab. Als sichtbaren Ausdruck für diesen erfolgreichen Abschluß wurden Absolventenabzeichen als nichtstaatliche Auszeichnungen geschaffen. Die Abzeichen haben die Form eines auf der Spitze stehenden gleichschenkligen Dreiecks, sie sind 41 mm hoch und 31 mm breit. Bis 1985 wurden sie aus Buntmetall hergestellt und waren emailliert. Seit 1985 werden sie aus Stahlblech hergestellt und sind lackiert. Sie wurden von 1962 bis 1983 auf der rechten Seite der Uniform, rechts neben oder unter staatlichen Auszeichnungen getragen. Seit 1983 sind Absolventenabzeichen auf der rechten Seite der Uniform über allen anderen Auszeichnungen zu tragen. Seit 1980 wird das Absolventenabzeichen auch an der Hemdbluse getragen. Bei Veränderung der Form der einzelnen Abzeichen durften die vorher verliehenen Abzeichen weiter getragen werden. Ein Umtausch erfolgte nicht.

Absolventenabzeichen der Militärakademie „Friedrich Engels"

Die Militärakademie „Friedrich Engels" wurde am 5. Januar 1959 gegründet. Sie ging aus der im Oktober 1956 gebildeten Hochschule für Offiziere der NVA hervor. Als höchste militärische Bildungseinrichtung betreibt sie die militärakademische Ausbildung (Direkt- und Fernstudium) für Offiziere aller

Teilstreitkräfte der NVA sowie der Grenztruppen der DDR und anderer Schutz- und Sicherheitsorgane und von Offizieren der sozialistischen Bruderarmeen. Es finden Weiterbildungslehrgänge für Generale, Admirale und Offiziere mit militärakademischem Abschluß statt. Ein wichtiges Feld ist die Erfüllung von Forschungs- und anderen wissenschaftlichen Aufgaben im Interesse der Landesverteidigung.

Mit dem Befehl Nr. 116/61 des Ministers für Nationale Verteidigung wurde im Jahre 1961 ein Absolventenabzeichen für die Militärakademie „Friedrich Engels" eingeführt. In der Anordnung Nr. 29/62 des Ministers für Nationale Verteidigung vom 6. Juni 1962 wurde festgelegt, daß der Absolvent mit der Verleihung des Diploms ein Absolventenabzeichen erhält. Die ersten Abzeichen wurden 1962 verliehen. Im oberen Teil des Abzeichens befindet sich die einzeilige Inschrift „MILITÄRAKADEMIE", darunter ist in einer goldfarbenen Kreisfläche das Porträt von Friedrich Engels eingeprägt. Das Abzeichen ist mit roter Emaille ausgelegt. Das gesamte Dreieck und die Kreisfläche sind mit einem goldfarben eingefaßten weißen Streifen umgeben.
Diese Form wurde von 1962 bis 1975 verliehen.

1975 erfolgte eine Änderung des Absolventenabzeichens. Das Porträt von Friedrich Engels befindet sich jetzt im oberen Teil des Abzeichens. Es ist nicht mehr eingeprägt, sondern aufgelegt. Darunter befindet sich die einzeilige Inschrift „NVA". Das rot emaillierte Dreieck ist mit einem goldfarben eingefaßten weißen Streifen umgeben.
Diese Form wurde von 1975 bis 1986 verliehen.
Seit 1985 ist das Dreieck rot lackiert. 1987 erfolgte eine nochmalige Veränderung des Absolventenabzeichens. Das Abzeichen gleicht in Farbe und Form dem von 1975, die Inschrift „NVA" entfällt. Es ist lackiert.

Absolventenabzeichen der Militärmedizinischen Sektion an der Ernst-Moritz-Arndt-Universität

Am 15. Januar 1964 wurde die Militärmedizinische Sektion der NVA in die Ernst-Moritz-Arndt-Universität Greifswald eingegliedert. Sie ging aus der 1955 entstandenen Dienststelle zur Ausbildung medizinischer Kader der KVP hervor.

Zu ihren Hauptaufgaben zählen die gesellschaftswissenschaftliche, militärische und spezialfachliche Aus- und Weiterbildung von Diplommedizinern, Diplomstomatologen und Diplompharmazeuten sowie die Erfüllung von militärmedizinischen Forschungsvorhaben.

Mit dem Befehl Nr. 85/64 des Ministers für Nationale Verteidigung vom 31. Juli 1964 wurde das Absolventenabzeichen der Militärmedizinischen Sektion eingeführt. Die erstmalige Verleihung fand 1965 statt. Im oberen Teil des Abzeichens befindet sich die zweizeilige Inschrift „MILITÄRMEDIZINISCHE SEKTION", darunter ist in einer goldfarbenen Kreisfläche das Porträt von Ernst Moritz Arndt eingeprägt. Das Abzeichen ist mit grüner Emaille ausgelegt. Das gesamte Dreieck und die Kreisfläche sind mit einem goldfarben eingefaßten weißen Streifen umgeben.

Diese Form wurde von 1965 bis zur Änderung des Absolventenabzeichens 1975 verliehen. Das Porträt von Ernst Moritz Arndt befindet sich jetzt im oberen Teil des Abzeichens. Es ist nicht mehr eingeprägt, sondern aufgelegt. Darunter befindet sich die einzeilige Inschrift „NVA". Das grün emaillierte Dreieck ist mit einem goldfarben eingefaßten weißen Streifen umgeben. Seit 1985 ist es grün lackiert.
Diese Form wurde von 1975 bis 1986 verliehen.
Seit 1987 wird dieses Abzeichen nicht mehr verliehen.

Absolventenabzeichen für Offiziere der NVA, die eine zivile Hochschule oder Universität mit einem Diplom abgeschlossen haben

Die rasche Entwicklung von Wissenschaft und Technik sowie die Revolution im Militärwesen machten es notwendig, daß zahlreiche Offiziere der NVA ein Studium an zivilen Hochschulen oder Universitäten absolvierten. Mit dem Befehl Nr. 55/70 des Ministers für Nationale Verteidigung vom 19. Mai 1970 wurde ein entsprechendes Absolventenabzeichen eingeführt. Dieses Abzeichen er-

1.9.6. Absolventenabzeichen für Offiziere der NVA, die eine zivile Hochschule oder Universität mit einem Diplom abgeschlossen haben (1970–1975)

1.9.7. Absolventenabzeichen für Offiziere der NVA, die eine zivile Hochschule oder Universität mit einem Diplom abgeschlossen haben (1975–1982)

1.9.8. Absolventenabzeichen für Offiziere der NVA, die eine zivile Hochschule oder Universität mit einem Diplom abgeschlossen haben (1982–1986)

1.9.9. Absolventenabzeichen der Militärpolitischen Hochschule „Wilhelm Pieck" (1975–1986)

1.9.10. Absolventenabzeichen der Militärpolitischen Hochschule „Wilhelm Pieck" (seit 1987)

hielten Offiziere der Nationalen Volksarmee, die während ihrer aktiven Dienstzeit von der NVA an zivile Hochschulen und Universitäten bzw. an Hochschulen anderer bewaffneter Organe zum Direkt- bzw. Fernstudium delegiert worden waren und das Studium erfolgreich mit der Zuerkennung eines Diploms abgeschlossen hatten. Das Absolventenabzeichen wurde erstmals 1970 verliehen. In der Mitte des Abzeichens ist in einer goldfarbenen Kreisfläche das Dienstemblem der NVA eingeprägt. Das Abzeichen ist mit gelber Emaille ausgelegt. Das gesamte Dreieck und die Kreisfläche sind mit einem goldfarben eingefaßten weißen Streifen umgeben.

Diese Form wurde von 1970 bis zur Änderung des Absolventenabzeichens 1975 verliehen.

Anstelle des Dienstemblems befindet sich jetzt das Staatswappen der DDR im oberen Teil des Abzeichens. Es ist nicht mehr eingeprägt, sondern aufgelegt. Darunter befindet sich die einzeilige Inschrift „NVA". Das gelb emaillierte Dreieck ist mit einem goldfarben eingefaßten weißen Streifen umgeben.
Diese Form wurde 1975 bis 1982 verliehen.

1982 erfolgte eine weitere Änderung der Ausführung. Anstelle des Staatswappens der DDR ist jetzt das Dienstemblem der NVA aufgelegt. Seit 1985 ist das Dreieck gelb lackiert.

Diese Form wurde von 1982 bis 1986 verliehen.
Seit 1987 gibt es dieses Absolventenabzeichen nicht mehr.

Absolventenabzeichen der Militärpolitischen Hochschule „Wilhelm Pieck"

Die Militärpolitische Hochschule „Wilhelm Pieck" wurde am 3. März 1970 gegründet. Hervorgegangen aus der im Februar 1968 gebildeten Parteischule de NVA ist sie als militärische Hochschuleinrichtung verantwortlich für die Aus- und Weiterbildung von Polit- und Parteikadern der Nationalen Volksarmee, der Grenztruppen der DDR und der Zivilverteidigung.

Zu ihrem Ausbildungsprofil gehört u.a. die Heranbildung von Politoffizieren für die Kompanie/Gleichgestellte und das Bataillon/Gleichgestellte;

1.9.11. Absolventenabzeichen der Sektion Militärisches Transport- und Nachrichtenwesen an der Hochschule für Verkehrswesen „Friedrich List" (1975–1986)

1.9.12. Absolventenabzeichen für Offiziere, die eine Ausbildung zum Berufsoffizier an militärischen Hochschuleinrichtungen oder Universitäten und Hochschulen der DDR abgeschlossen haben (seit 1987)

die Ausbildung von Politoffizieren zu Diplomgesellschaftswissenschaftlern bzw. Diplomlehrern für Marxismus-Leninismus; die marxistisch-leninistische Qualifizierung von Generalen, Admiralen und leitenden Offizieren sowie die Erschließung und Propagierung neuer Erkenntnisse der Gesellschafts- und Militärwissenschaft.

Mit dem Befehl Nr. 147/73 des Ministers für Nationale Verteidigung vom 13. September 1973 wurde festgelegt, daß bei der Verleihung des Diploms durch den Kommandeur der Militärpolitischen Hochschule „Wilhelm Pieck" das Absolventenabzeichen zu überreichen ist. Die ersten Absolventen erhielten das Absolventenabzeichen im Oktober 1975.

Im oberen Teil des Abzeichens ist das goldfarbene Porträt von Wilhelm Pieck aufgelegt. Darunter befindet sich die einzeilige Inschrift „NVA". Das rot emaillierte Dreieck ist mit einem goldfarben eingefaßten weißen Streifen umgeben.

Diese Form wurde von 1975 bis zur Änderung des Absolventenabzeichens 1986 verliehen. Seit 1985 ist das Dreieck rot lackiert. 1987 erfolgte eine Veränderung des Absolventenabzeichens. Das Abzeichen gleicht in Form und Farbe dem von 1975, die Inschrift „NVA" entfällt. Es ist lackiert.

Absolventenabzeichen der Sektion Militärisches Transport- und Nachrichtenwesen an der Hochschule für Verkehrswesen „Friedrich List"

Am 1. September 1971 wurde die Sektion Militärisches Transport- und Nachrichtenwesen in die Hochschule für Verkehrswesen „Friedrich List" in Dresden eingegliedert. An ihr werden Offiziere für die Bereiche Transport- und Nachrichtenwesen der NVA ausgebildet. Das 1972 gestiftete Absolventenabzeichen wurde erstmals 1975 an die Absolventen dieser Sektion verliehen. Im oberen Teil des Abzeichens ist das goldfarbene Porträt von Friedrich List aufgelegt. Darunter befindet sich die einzeilige Inschrift „NVA". Das blau emaillierte Dreieck ist mit einem goldfarben eingefaßten weißen Streifen umgeben. Seit 1985 ist es blau lackiert.
Diese Form wurde von 1975 bis 1986 verliehen.

Seit 1987 wird dieses Abzeichen nicht mehr verliehen.

Absolventenabzeichen für Offiziere, die eine Ausbildung zum Berufsoffizier an militärischen Hochschuleinrichtungen oder Universitäten und Hochschulen der DDR abgeschlossen haben

1987 schlossen die ersten Offiziersschüler ihre Ausbildung an militärischen Hochschuleinrichtungen der DDR mit einem Diplom ab. Nach Abschluß der Ausbildung zum Offizier, verbunden mit dem Erwerb des ersten akademischen Grades und der Ernennung zum Leutnant, erhielten sie ein Absolventenabzeichen ausgehändigt. Im oberen Teil des Abzeichens ist das goldfarbene Dienstemblem der NVA aufgelegt. Das weiß lackierte Abzeichen ist mit einem goldfarben eingefaßten roten Streifen umgeben. Es wird verliehen an Absolventen der Offiziershochschulen, des Instituts der Zivilverteidi-

1.9.13. Absolventen-
abzeichen für Offiziere,
die eine Ausbildung mit
Diplom oder eine Facharztausbildung an militärischen
Hochschuleinrichtungen
oder
Universitäten und
Hochschulen der DDR
abgeschlossen haben
(seit 1987)

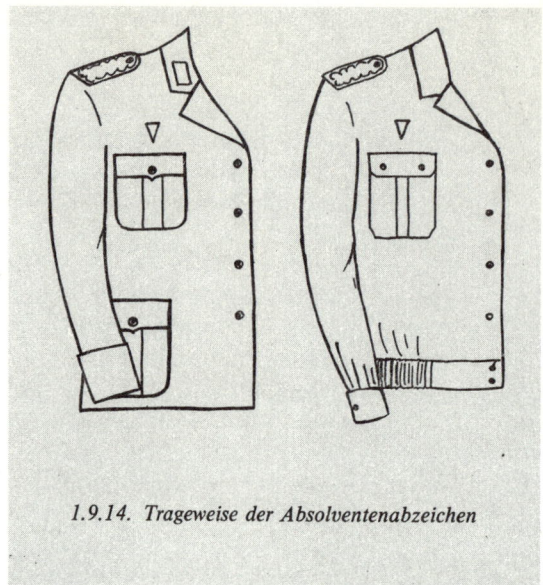

1.9.14. Trageweise der Absolventenabzeichen

1.10.1. Reservistenabzeichen in den
Stufen Gold, Silber, Bronze
(1966–1968)

gung, der Militärmedizinischen Sektion an der Ernst-Moritz-Arndt-Universität sowie ziviler Universitäten und Hochschulen der DDR.

Absolventenabzeichen für Offiziere, die eine Ausbildung mit Diplom oder eine Facharztausbildung an militärischen Hochschuleinrichtungen oder Universitäten und Hochschulen der DDR abgeschlossen haben

Nach Abschluß einer Ausbildung mit Diplom bzw. der Facharztausbildung an militärischen Hochschuleinrichtungen sowie Universitäten und Hochschulen der DDR erhalten die Absolventen ebenfalls ein Absolventenabzeichen. Im oberen Teil des Abzeichens ist das goldfarbene Dienstemblem der NVA aufgelegt. Das rot lackierte Abzeichen ist mit einem goldfarben eingefaßten weißen Streifen umgeben. Es wird verliehen an Absolventen der Militärmedizinischen Akademie, des Militärgeschichtlichen Instituts der DDR, der Sektion Militärisches Transport- und Nachrichtenwesen an der Hochschule für Verkehrswesen „Friedrich List" und der zivilen Universitäten und Hochschulen der DDR.

Literatur:

MA, VA – 01/5908; AMBl, Teil B, Nr. 06/62; MA, VA – 01/17769; MA, VA – 01/28131; AMBl, Teil I, Nr. 19/70; AMBl, Teil I, Nr. 33/73.

RESERVISTENABZEICHEN

Als äußeres Zeichen für den geleisteten Wehrdienst wurde zum 10. Jahrestag der NVA, am 1. März 1966, erstmals das Reservistenabzeichen überreicht.

In der Anordnung Nr. 23/65 des Stellvertreters des Ministers und Chef des Hauptstabes vom 5. November 1965 sind dazu die Bedingungen geregelt.

Das Abzeichen sollte das Zusammengehörigkeitsgefühl der Reservisten festigen. Es wurde in der Stufe Gold für eine über zehnjährige Dienstzeit, in der Stufe Silber für eine Dienstzeit von über zwei Jahren bis einschließlich zehn Jahre und in der

1.10.2. Reservistenabzeichen in den Stufen Gold, Silber, Bronze – Vorderseite (seit 1968)

1.10.3. Reservistenabzeichen – Rückseite

Stufe Bronze für eine Dienstzeit bis zu zwei Jahren verliehen. Das schildförmige Abzeichen aus Stahlblech ist 17 mm hoch und 18 mm breit. Es zeigt auf gold-, silber- bzw. bronzefarbenem Hintergrund einen von rechts nach links gerichteten Soldatenkopf mit Stahlhelm über der farbigen Flagge der DDR, umgeben von der Umschrift „FÜR DEN SCHUTZ DER ARBEITER-UND-BAUERN-MACHT".

Das Reservistenabzeichen wurde in dieser Form von 1966 bis 1968 verliehen.

Mit der Anordnung Nr. 17/68 des Stellvertreters des Ministers und Chef der Politischen Hauptverwaltung vom 8. Oktober 1968 wurden neue Reservistenabzeichen in der NVA eingeführt. Diese wurden ab Oktober 1968 an alle Wehrpflichtigen übergeben, die aus dem aktiven Wehrdienst in die Reserve versetzt wurden. Alle vor Oktober 1968 aus dem aktiven Wehrdienst ausgeschiedenen Reservisten erhielten nachträglich das neue Reservistenabzeichen der gleichen Stufe wie das der ersten Ausführung. Das neue Reservistenabzeichen aus Buntmetall oder Stahlblech ist zweiteilig und besteht aus einer Spange mit Medaille. Die Spange ist 24 mm hoch und 35 mm breit, die Medaille hat einen Durchmesser von 36 mm. Die Spange hat die Form von zwei unterschiedlich großen, übereinanderliegenden Dreiecken in den Farben Schwarz, Rot und Gelb. Das rote Dreieck wird von Lorbeerzweigen begrenzt. In der Mitte befinden sich das Staatswappen der DDR und die Buchstaben „NVA". Lorbeerzweige, Staatswappen und Schrift sind entsprechend der jeweiligen Stufe gold-, silber- bzw. bronzefarben. Die Medaille zeigt auf der Vorderseite zwei Eichenlaubzweige mit einer Eichel in der Mitte. Darüber befindet sich ein von rechts nach links gerichteter Soldatenkopf mit Stahlhelm, umgeben von der Umschrift „RESERVIST DER NATIONALEN VOLKSARMEE". Auf der Rückseite der gold-, silber- bzw. bronzefarbenen Medaille befindet sich das Dienstemblem der Nationalen Volksarmee.

Das Reservistenabzeichen wird in dieser Form seit 1968 verliehen. Es ist als nichtstaatliche Auszeichnung auf der rechten Brustseite der Uniformjacke, rechts neben oder unter staatlichen Auszeichnungen zu tragen.

Literatur:
AMBl, Teil I, Nr. 36/65; AMBl, Teil I, Nr. 33/68.

1.11.1. Ehrennadel für Verdienste in der sozialistischen Wehrerziehung in den Stufen Gold, Silber und Bronze (seit 1976)

1.11.2. Ehrennadel der ASV „Vorwärts" in den Stufen Gold, Silber und Bronze (seit 1963)

1.11.3. Ehrennadel für besondere Leistungen im Jagdwesen der NVA (seit 1977)

EHRENNADELN

Ehrennadel für Verdienste in der sozialistischen Wehrerziehung

Mit der Ordnung Nr. 030/9/001 des Ministers für Nationale Verteidigung vom 7. Juli 1975 wurde die Ehrennadel für Verdienste in der sozialistischen Wehrerziehung in den Stufen Gold, Silber und Bronze gestiftet.

Die Ehrennadel kann verliehen werden für Verdienste, vorbildliche Leistungen und Ergebnisse in der ehrenamtlichen Tätigkeit auf den Gebieten der sozialistischen Wehrerziehung, der militärpolitischen Propaganda- und Agitationsarbeit, der Nachwuchssicherung für militärische Berufe und der Reservistenarbeit.

Sie wurde erstmals am 1. März 1976, dem 20. Jahrestag der NVA, verliehen. Die Ehrennadel aus Buntmetall oder Stahlblech ist 23 mm hoch und 23 mm breit und hat die Form eines oben und unten abgeflachten Kreises. Sie zeigt die dreizeilige Inschrift „FÜR VERDIENSTE IN DER SOZIALISTISCHEN WEHRERZIEHUNG". Auf rotem Hintergrund ist eine durch eine Hand umfaßte Maschinenpistole dargestellt, die durch einen Eichenlaubkranz eingefaßt ist. Die Ehrennadel ist mit Polyesterharz überzogen.

Die Ehrennadel wird als nichtstaatliche Auszeichnung auf der rechten Brustseite der Uniformjacke, rechts neben oder unter staatlichen Auszeichnungen getragen.

Literatur:
AMBl, Teil I, Nr. 35/75.

Ehrennadel der Armeesportvereinigung „Vorwärts"

Das Abzeichen aus Buntmetall oder Stahlblech ist 25 mm hoch und 21 mm breit. Es zeigt einen ovalen gold-, silber- bzw. bronzefarbenen Eichenlaubkranz, der oben durch die farbig emaillierte schwarzrotgoldene Staatsflagge der DDR und das darin befindliche Staatswappen geschlossen wird.

Im Eichenlaubkranz befindet sich das aufgesetzte Emblem der ASV „Vorwärts".
Die farbig emaillierte Ehrennadel wird seit 1963 verliehen. Seit 1976 ist sie lackiert und mit Polyesterharz überzogen.

Ehrennadel für besondere Leistungen im Jagdwesen der NVA

Am 24. März 1977 erließ der Stellvertreter des Ministers und Chef der Rückwärtigen Dienste die Anordnung Nr. 7/77 über die Einführung eines Abzeichens für Mitglieder der Jagdgesellschaften der NVA und die Verleihung einer Ehrennadel für besondere Leistungen im Jagdwesen der NVA.

Die Ehrennadel kann an Mitglieder von Jagdgesellschaften der NVA verliehen werden, die durch ihre Arbeit bedeutend zur Entwicklung des Jagdwesens beigetragen haben, hervorragende Ergebnisse auf jagdwirtschaftlichem Gebiet erzielten und Verdienste bei der Zucht von Jagdhunden, als Falkner oder Frettierer erwarben.

Die schildförmige Ehrennadel aus Buntmetall ist 20 mm hoch und 20 mm breit. Sie zeigt ein dunkelbraunes Rothirschgeweih auf goldfarbenem Hintergrund sowie zwei grüne Eichenlaubblätter mit einer Eichel. Im oberen Teil des Schildes ist die zweizeilige Inschrift „JAGDGESELLSCHAFT DER NVA" angebracht. Das Abzeichen ist mit Polyesterharz überzogen.

Die Ehrennadel wurde erstmals 1977 verliehen. Sie darf nicht an der Uniform der NVA getragen werden.

2. ZU BESONDEREN ANLÄSSEN HERAUSGEGEBENE ABZEICHEN

Vielfältig sind die Anlässe, zu denen in der NVA, der Zivilverteidigung und den Grenztruppen der DDR Abzeichen herausgegeben wurden. Betrachtet man diese in ihrer Gesamtheit, so sind sie Ausdruck eines umfangreichen Abschnittes der Geschichte der bewaffneten Organe der DDR.

Diese zu besonderen Anlässen herausgegebenen Abzeichen und Medaillen durften 10 Tage vor und zum betreffenden Anlaß auf der Patte der linken Brusttasche oder bei Uniformjacken ohne Brusttasche auf gleicher Höhe getragen werden.

JAHRESTAGE

Gemäß einem Beschluß des Präsidiums des Ministerrates der DDR vom 18. Oktober 1956 wurde der 1. März zum „Tag der Nationalen Volksarmee" erklärt.

Von den Jahrestagen der NVA sind folgende Abzeichen bekannt:
1958 – 2. Jahrestag der NVA *(2.1.1.)*
(Stahlblech, rückseitig hohl geprägt)

2.1.1. Abzeichen 2 Jahre NVA (1958)

1966 – 10. Jahrestag der NVA *(2.1.2.)*
(Aluminium, farbig lackiert)

2.1.2. Abzeichenserie 10 Jahre NVA (1966)

Weiterhin existiert ein Abzeichen zum 20. Jahrestag der NVA, das anläßlich einer internationalen Großveranstaltung im VEB Fahrzeugwerk Waltershausen herausgegeben wurde. *(2.1.4.)*
(Buntmetall, farbig lackiert)

1981 – 25. Jahrestag der NVA *(2.1.5.1.; 2.1.5.2.)*
(Aluminium, lackiert, und Buntmetall, lackiert, Polyesterharzüberzug)

2.1.5.1. Abzeichen 25 Jahre NVA (1981)

2.1.5.2. Abzeichen 25 Jahre NVA (1981)

1976 – 20. Jahrestag der NVA *(2.1.3.)*
(Buntmetall, farbig lackiert, Polyesterharzüberzug)

1986 – 30. Jahrestag der NVA *(2.1.6.)*
(Stahlblech, lackiert, Polyesterharzüberzug)

2.1.3. Abzeichen 20 Jahre NVA (1976)

2.1.6. Abzeichen 30 Jahre NVA (1986)

2.1.4. Abzeichen 20 Jahre NVA – internationale Großveranstaltung im VEB Fahrzeugwerk Waltershausen

Am 1. Dezember 1946 nahmen auf der Grundlage eines Befehls der Sowjetischen Militäradministration in Deutschland in der damaligen sowjetischen Besatzungszone die ersten Einheiten der Grenzpolizei ihren Dienst auf. Seit dieser Zeit wird der 1. Dezember als „Tag der Grenztruppen" begangen. Von den Jahrestagen der Grenztruppen der DDR sind folgende Abzeichen bekannt:

2.1.7. Abzeichen 35 Jahre Grenztruppen der DDR (1981)

2.1.9. Abzeichen 25 Jahre Zivilverteidigung (1983)

2.1.10. Abzeichen 25 Jahre Warschauer Vertrag (1980)

2.1.8. Abzeichen 40 Jahre Grenztruppen der DDR (1986)

1981 – 35. Jahrestag der Grenztruppen der DDR
(2.1.7.)
(Buntmetall, lackiert, Polyesterharzüberzug)

1986 – 40. Jahrestag der Grenztruppen der DDR
(2.1.8.)
(Stahlblech, lackiert, Polyesterharzüberzug)
Die Form des Anhängers gleicht unverändert dem des Abzeichens für 35 Jahre Grenztruppen der DDR.

Der 11. Februar wird als „Tag der Zivilverteidigung" begangen. Zum 25. Jahrestag der Zivilverteidigung wurde 1983 ein Abzeichen herausgegeben und an freiwillige Mitarbeiter der Zivilverteidigung mit fünfundzwanzigjähriger Zugehörigkeit verliehen.
(2.1.9.)
(Stahlblech, lackiert, Polyesterharzüberzug)

Auf der 2. Konferenz europäischer Länder zur Gewährleistung des Friedens und der Sicherheit in Europa am 14. Mai 1955 in Warschau wurde der Vertrag über Freundschaft, Zusammenarbeit und gegenseitigen Beistand unterzeichnet (Warschauer Vertrag). Nach der Hinterlegung aller Ratifikationsurkunden bei der Regierung der VR Polen trat der Warschauer Vertrag am 4. Juni 1955 in Kraft. Die Volksrepublik Bulgarien, die Ungarische Volksrepublik, die Deutsche Demokratische Republik, die Volksrepublik Polen, die Sozialistische Republik Rumänien, die Union der Sozialistischen Sowjetrepubliken und die Tschechoslowakische Sozialistische Republik gehören zu den Mitgliedsländern des Warschauer Vertrages. (Die VR Albanien stellte 1962 ihre Mitarbeit in der Organisation ein.)

Zum 25. Jahrestag des Warschauer Vertrages 1980 wurde ein sowjetisches Abzeichen herausgegeben, das auch an Angehörige der NVA verliehen wurde.
(2.1.10.)
(Buntmetall, lackiert, teilweise emailliert)

Zum 30. Jahrestag des Warschauer Vertrages gab die UdSSR ein weiteres Abzeichen heraus. Auch dieses Abzeichen wurde an Angehörige der NVA verliehen. *(2.1.11.)*
(Buntmetall, lackiert, teilweise emailliert)

Ein weiteres Abzeichen zum 30. Jahrestag des War-

2.1.11. Abzeichen 30 Jahre Warschauer Vertrag (1985)

2.1.12. Abzeichen 30 Jahre Warschauer Vertrag (1984)

2.2.1. Abzeichen Manöver „Quartett"

2.2.2. Abzeichen Manöver „Moldau"

2.2.4. Abzeichen Manöver „Oder-Neiße 69" (ČSSR)

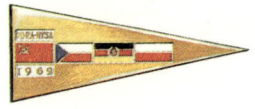

2.2.3. Abzeichen Manöver „Oder-Neiße 69" (VR Polen)

2.1.13. 10 Jahre Torpedoschnellboote (1969)

schauer Vertrages wurde anläßlich der vom 24. bis 28. September 1984 in der DDR stattfindenden Internationalen Beratung leitender ideologischer Kader der Politischen Hauptverwaltungen der Armeen des Warschauer Vertrages herausgegeben. *(2.1.12.)* (Stahlblech, lackiert, Polyesterharzüberzug)

Aus dem Bereich der Volksmarine ist ein weiteres Jahrestagsabzeichen bekannt. Herausgabeanlaß war der 10. Jahrestag der Einführung von Torpedoschnellbooten. *(2.1.13.)* (Buntmetall, emailliert)

MANÖVER UND GEMEINSAME ÜBUNGEN

Ein wichtiger Teil der militärischen Zusammenarbeit zwischen den verbündeten sozialistischen Armeen sind Manöver und gemeinsame Truppenübungen. Sie dienen der Festigung des Bündnisses der Staaten des Warschauer Vertrages, der Vertiefung der Waffenbrüderschaft, der Herstellung der Ge-

schlossenheit und der Vervollkommnung des Zusammenwirkens. Manöver und Übungen fanden in allen Ländern des Warschauer Vertrages statt. Sie waren vom Ausmaß, der Zielsetzung sowie den beteiligten Kräften sehr unterschiedlich angelegt.

Manöver „Quartett"
9.–14. 9. 1963, Manöverland DDR, Teilnehmer: NVA, Polnische Armee, Sowjetarmee und Tschechoslowakische Volksarmee *(2.2.1.)*
(Stahlblech, lackiert; gleiche Art auch Buntmetall, emailliert)

Manöver „Moldau"
19.–22. 9. 1966, Manöverland ČSSR, Teilnehmer: Ungarische Volksarmee, NVA, Sowjetarmee und Tschechoslowakische Volksarmee *(2.2.2.)*
(Buntmetall, emailliert)

Manöver „Oder-Neiße 69"
21.–28. 9. 1969, Manöverland VR Polen, Teilnehmer: NVA, Polnische Armee, Sowjetarmee und

2.2.5. Abzeichen Manöver „Waffenbrüderschaft"

2.2.6. Abzeichen Gemeinsame Truppenübung „Schild 72"

2.2.7. Abzeichen Gemeinsame Truppenübung „Schild 76"

2.2.10. Abzeichen Gemeinsame Truppenübung „Freundschaft 82"

Tschechoslowakische Volksarmee *(2.2.3.; 2.2.4.)*
(VR Polen – Buntmetall, emailliert
ČSSR – Buntmetall, lackiert)

Manöver „Waffenbrüderschaft"
12.–18.10.1970, Manöverland DDR, Teilnehmer: An diesem Manöver nahmen erstmalig Stäbe und Truppen der Land- und Luftstreitkräfte aller sieben Armeen der Teilnehmerstaaten des Warschauer Vertrages und Einheiten der verbündeten sozialistischen Ostseeflotten teil. *(2.2.5.)*
(Aluminium oder Buntmetall, farbig lackiert, bronze- und silberfarben)

Gemeinsame Truppenübung „Schild 72"
4.–16.9.1972, Manöverland ČSSR, Teilnehmer: Ungarische Volksarmee, NVA, Polnische Armee, Sowjetarmee und Tschechoslowakische Volksarmee *(2.2.6.)*
(Buntmetall, lackiert, gleiche Art auch emailliert)

Gemeinsame Truppenübung „Schild 76"
9.–16.9.1976, Manöverland VR Polen, Teilnehmer: NVA, Polnische Armee, Sowjetarmee und Tsche-

choslowakische Volksarmee *(2.2.7.)*
(Buntmetall, emailliert)

Manöver „Waffenbrüderschaft 80"
4.–12.9.1980, Manöverland DDR, Teilnehmer: Zum zweiten Mal in der Geschichte des Warschauer Vertrages nahmen Stäbe und Truppen der Land- und Luftstreitkräfte aller sieben Armeen der Teilnehmerstaaten sowie Einheiten der Baltischen Flotte der UdSSR, der Polnischen Seekriegsflotte und der Volksmarine an einem Manöver teil. *(2.2.8.; 2.2.9.)*
(DDR – Aluminium, lackiert
– Buntmetall, lackiert, Polyesterharzüberzug
VR Polen – Plast mit farbiger Papiereinlage)

Gemeinsame Truppenübung „Freundschaft 82"
13.–20.3.1982, Manöverland VR Polen, Teilnehmer: NVA, Polnische Armee, Sowjetarmee *(2.2.10.)*
(Plast mit farbiger Papiereinlage)

Gemeinsame Truppenübung „Schild 82"
25.9.–1.10.1982, Manöverland VR Bulgarien, Teil-

2.2.8. Abzeichen Manöver „Waffenbrüderschaft 80" (DDR)

2.2.9. Abzeichen Manöver „Waffenbrüderschaft 80" (VR Polen)

2.2.14. Abzeichen Gemeinsame Truppenübung „Freundschaft 85"

2.2.11. Abzeichen Gemeinsame Truppenübung „Schild 82"

2.2.12. Abzeichen Gemeinsame Truppenübung „Freundschaft 84"

nehmer: Zum dritten Mal in der Geschichte des Warschauer Vertrages waren Stäbe, Truppen und Flottenkräfte aller Teilnehmerstaaten beteiligt. (2.2.11.) (Buntmetall, lackiert)

Gemeinsame Truppenübung „Freundschaft 84" 24.2.–2.3.1984, Manöverland VR Polen, Teilnehmer: NVA, Polnische Armee, Tschechoslowakische Volksarmee (2.2.12.)
(Plast mit farbiger Stahlblecheinlage)

Gemeinsame Truppenübung „Schild 84" (5.–14.9.1984, Manöverland ČSSR, Teilnehmer: Bulgarische Volksarmee, Ungarische Volksarmee, NVA, Polnische Armee, Streitkräfte der Sozialistischen Republik Rumänien, Sowjetarmee, Tschechoslowakische Volksarmee (2.2.13.)
(Buntmetall, lackiert, Polyesterharzüberzug)

Gemeinsame Truppenübung „Freundschaft 85" 3.–9.9.1985, Manöverland VR Polen, Teilnehmer: NVA, Polnische Armee, Tschechoslowakische Volksarmee (2.2.14.) (Buntmetall)

2.2.13. Abzeichen Gemeinsame Truppenübung „Schild 84"

2.3.1. Abzeichen Wettbewerbsinitiative „Salut 25 – Jederzeit gefechtsbereit" 1970/71

2.3.2. Abzeichen Wettbewerbsinitiative „Kampfauftrag 72 – Für den Schutz der Arbeiter-und-Bauern-Macht" 1971/72

2.3.4. Abzeichen Wettbewerbsinitiative „Soldatenauftrag XXV – Wie Thälmann kampfentschlossen – jederzeit gefechtsbereit" 1973/74

2.3.5. Abzeichen Wettbewerbsinitiative „Soldateninitiative 75 – Mit den Waffenbrüdern vereint – kampfstark und gefechtsbereit" 1974/75

2.3.3. Abzeichen Wettbewerbsinitiative „Kampfkurs X – Wachsam und gefechtsbereit" 1972/73

2.3.6. Abzeichen Wettbewerbsinitiative „Kampfkurs IX. Parteitag – Als Klassenkämpfer bewähren – das Militärwesen meistern – jederzeit gefechtsbereit" 1975/76

SOZIALISTISCHER WETTBEWERB IN DER NVA

Der sozialistische Wettbewerb gehört seit Gründung der NVA zum Soldatenalltag, er wurde zu einer unerläßlichen Triebkraft für die Erfüllung des militärischen Klassenauftrages. Durch ihn werden die Armeeangehörigen immer wieder zu Höchstleistungen im militärischen Dienst angespornt. Der sozialistische Wettbewerb durchlief in der NVA viele Entwicklungsabschnitte. Erinnert sei nur an die Rompe-Bewegung, die Kompaßbewegung und das Peter-Göring-Aufgebot. In ihrer Zeit erwiesen sich solche Initiativen als geeignete Mittel zur Motivierung und Mobilisierung der Armeeangehörigen.

1968 wurde der Wettbewerb in der NVA qualitativ auf eine neue Stufe gehoben. Erstmals auf der Grundlage einheitlicher Führungsdokumente, unter einer einheitlichen Losung und einheitlichem Symbol, erfaßte er alle Angehörigen der NVA.

Seit dem Ausbildungsjahr 1970/71 existieren Abzeichen mit dem jeweiligen Wettbewerbssymbol. Diese wurden auf den Bestenwimpeln angebracht.

Die Abzeichen waren aus Buntmetall oder Stahlblech, lackiert und mit Polyesterharz überzogen. (2.3.1. bis 2.3.12.)

Im Bereich der Luftstreitkräfte/Luftverteidigung wurde auf der Grundlage der Durchführungsanordnungen des Stellvertreters des Ministers und Chef der Luftstreitkräfte/Luftverteidigung zum sozialistischen Wettbewerb eine eigene Form der Stimulierung gefunden. Beim Führen des Leistungsvergleiches im sozialistischen Wettbewerb konnten nach Erfüllung der gestellten Forderungen Qualitätsprädikate vergeben werden. Die Vergabe erfolgte zum Abschluß des Ausbildungshalbjahres bzw. des Ausbildungsjahres. Dabei wurden eine Urkunde und ein Wimpel überreicht. Bei wiederholter Vergabe des Prädikates – eine achtmalige Wiederholung war möglich – erhielt die Besatzung einen Qualitätsstern ausgehändigt. (2.3.13.)

Dieser ist aus Buntmetall, rot lackiert mit goldfarbenem Rand und mit Polyesterharz überzogen.

Der Qualitätsstern wurde auf dem bereits verliehenen Wimpel angebracht. (2.3.14.)

2.3.7. Abzeichen Wettbewerbsinitiative „Kampfkurs 77 – Stets wachsam, kampfstark und gefechtsbereit" 1976/77

2.3.8. Abzeichen Wettbewerbsinitiative „Soldatenbekenntnis 78 – Für unser sozialistisches Vaterland – wachsam und gefechtsbereit" 1977/78

2.3.10. Abzeichen Wettbewerbsinitiative „Kampfposition 80 – Mit den Waffenbrüdern vereint – stets wachsam und gefechtsbereit" 1979/80

2.3.11. Abzeichen Wettbewerbsinitiative „Kampfposition X. Parteitag – Für hohe Gefechtsbereitschaft – alles zum Wohle des Volkes" 1980–1984

2.3.9. Abzeichen Wettbewerbsinitiative „Salut DDR 30 – Für unser sozialistisches Vaterland – wachsam und gefechtsbereit" 1978/79

2.3.12. Abzeichen Wettbewerbsinitiative „Soldatentat XI. Parteitag – Jederzeit gefechtsbereit für Frieden und Sozialismus" seit 1984

2.3.13. Qualitätsstern der Luftstreitkräfte/ Luftverteidigung (bis 1984)

Gleichzeitig wurden das Symbol „Flugzeug/Hubschrauber der ausgezeichneten Qualität" sowie die Qualitätssterne am Flugzeug/Hubschrauber mittels Schablone bzw. Abziehbild angebracht. Bei Erringung des 5. und 8. Sterns durch ein und dieselbe technische Besatzung wurde diese in das Ehrenbuch des Truppenteils eingetragen.

ARMEESPORTVEREINIGUNG „VORWÄRTS"

Am 20. November 1950 wurde die Sportvereinigung (SV) „Vorwärts" in der Hauptverwaltung für Ausbildung gegründet. Nach der Bildung der Kasernierten Volkspolizei im Juli 1952 erfolgte die Umbenennung in Sportvereinigung „Vorwärts" der KVP. Aus dieser Zeit ist die Teilnehmermedaille der 1. Spartakiade der SV „Vorwärts" der KVP vom Juli 1952 bekannt. (2.4.1.) (Böttger-Steinzeug)

In den Jahren 1952 bis 1956 trugen die einzelnen Sportklubs die Bezeichnung Sportklub „Vorwärts" KVP bzw. Zentraler Sportklub „Vorwärts" KVP. Ne-

2.3.14. Wimpel mit Qualitätssternen der Luftstreitkräfte/ Luftverteidigung (verkleinert)

2.4.1. Medaille 1. Spartakiade der SV „Vorwärts" der KVP
Vorderseite — Rückseite

2.4.2. Abzeichen SK und ZSK „Vorwärts" KVP

2.4.5. Abzeichen Internationales Armeesportfest 1957

2.4.3. Abzeichen der ASV „Vorwärts"

2.4.4. Abzeichen II. Sommersportmeisterschaften der DGP 1957

---

ben Stoffaufnähern für die Sportbekleidung existieren davon auch Abzeichen. *(2.4.2.)* (Stahlblech, farbig emailliert)

Am 1. Oktober 1956 wurde die Armeesportvereinigung „Vorwärts" (ASV) als sozialistische Militärsportorganisation der Nationalen Volksarmee gegründet. Ende Dezember 1956 faßte das Präsidium der ASV den Beschluß über das vorläufige Statut sowie das Emblem und die Fahne der ASV „Vorwärts". Seit diesem Zeitpunkt ist auch das Abzeichen der ASV „Vorwärts" bekannt. *(2.4.3.)* (Buntmetall oder Stahlblech, emailliert, seit 1976 lackiert mit Polyesterharzüberzug)

Zahlreiche weitere Abzeichen legen heute Zeugnis davon ab, daß die Sportbewegung in den Streitkräften in allen Etappen der Entwicklung durch besondere Höhepunkte gekennzeichnet war.

II. Sommersportmeisterschaften der DGP 1957 *(2.4.4.)* (Aluminium, farbig lackiert)

Internationales Armeesportfest vom 23. bis 25. August 1957 in Berlin, Leipzig und Erfurt. Zum ersten Mal war die ASV „Vorwärts" Gastgeberin für die Armeesportler aus der VR Bulgarien, der VR Polen, der Ungarischen VR, aus der ČSR, der UdSSR und der Sozialistischen Republik Rumänien *(2.4.5.)* (Buntmetall, gold- und silberfarben, farbig emailliert)

Sportkomitee der befreundeten Armeen (SKDA) Vom 11. bis 15. März 1958 fand die konstituierende Sitzung des Sportkomitees der befreundeten Armeen in Moskau statt. Zu den Mitbegründern aus zwölf Armeen gehörten auch die Vertreter der ASV „Vorwärts" *(2.4.6.)* (Buntmetall, lackiert)

II. Kultur- und Sportfest der NVA vom 11. bis 13. Juli 1958 in Neubrandenburg – Kulturwettstreit und Leichtathletikmeisterschaften der NVA *(2.4.7.)* (Stahlblech, lackiert)

I. Sommerspartakiade der befreundeten sozialistischen Armeen vom 20. bis 28. September 1958 in Leipzig *(2.4.8.; 2.4.9.)* (Stahlblech, lackiert)

(Buntmetall, emailliert)

2.4.6. Abzeichen SKDA

2.4.7. Abzeichen II. Kultur- und Sportfest der NVA

2.4.8. Teilnehmerabzeichen I. Sommerspartakiade 1958

2.4.9. Abzeichen der Delegationen und Offiziellen

2.4.10. Abzeichen ASK „Vorwärts" Rostock

Armeesportklub „Vorwärts" Rostock
1958 wurde der Armeesportklub „Vorwärts" Rostock gegründet. *(2.4.10.)*
(Stahlblech, lackiert, Polyesterharzüberzug)

III. Armeemeisterschaften im Skilauf 1959 *(2.4.11.)*
(Stahlblech, lackiert)

II. Internationales Armeesportfest vom 22. bis 23. August 1959.
Am Vorabend des II. Internationalen Armeesportfestes fand am 21. August 1959 in der Wuhlheide das Sportfest der Jungen Pioniere statt. *(2.4.12.)*
(Stahlblech, lackiert)

Armeesportklub „Vorwärts" Oberhof
Am 1. Januar 1960 wurde der Armeesportklub „Vorwärts" Oberhof als Wintersportklub der NVA gegründet. *(2.4.13.)*
(Stahlblech, lackiert, Polyesterharzüberzug)

2.4.12. Abzeichen Sportfest der Jungen Pioniere zum II. Internationalen Armeesportfest 1959

2.4.11. Abzeichen III. Armeemeisterschaften im Skilauf 1959

2.4.13. Abzeichen ASK „Vorwärts" Oberhof

63

2.4.14. Abzeichen I. SKDA-Meisterschaft im Turnen 1960

2.4.15. Abzeichen I. Winterspartakiade 1961

2.4.16. Kampfsportabzeichen der 4. Grenzbrigade

2.4.17. Sportfest der NVA 1961

2.4.18. Abzeichen II. Sommerspartakiade 1962

I. SKDA-Meisterschaft im Turnen vom 19. bis 22. November 1960 in Senftenberg *(2.4.14.)* (Stahlblech, lackiert)

I. Winterspartakiade der befreundeten Armeen vom 7. bis 13. Februar 1961 in Zakopane *(2.4.15.)* (Aluminium)

Kampfsportabzeichen der 4. Grenzbrigade 1961 *(2.4.16.)* (Stahlblech, lackiert)

Sportfest der NVA, Eggesin 1961 *(2.4.17.)* (Stahlblech, lackiert)

II. Sommerspartakiade der befreundeten Armeen 1962 in Prag
Es war vorgesehen, die SKDA-Sommerspartakiaden im Turnus von vier Jahren durchzuführen. Es existieren Abzeichen der für 1962 geplanten Sommerspartakiade, die aber nicht stattgefunden hat. *(2.4.18.)* (Stahlblech, lackiert)

Meisterschaften der Grenztruppen im Skilauf 1963 und 1964

Seit 1962 gehören auch die Grenztruppen der DDR der Armeesportvereinigung „Vorwärts" (ASV) an. *(2.4.19.)* (Stahlblech, lackiert)

Fußballclub FC „Vorwärts" Berlin
Am 18. Januar 1966 wurde der Fußballclub „Vorwärts" Berlin gegründet. *(2.4.20.)* (Stahlblech, emailliert)

Armeesportklub „Vorwärts" Potsdam
1966 wurde der Armeesportklub „Vorwärts" Potsdam gegründet. *(2.4.21.)* (Stahlblech, lackiert, Polyesterharzüberzug)

ASG „Vorwärts" Stralsund
Mit der 1967 erfolgten Verlegung von „Vorwärts" Rostock nach Stralsund begann ein neuer Entwicklungsabschnitt für die Fußballmannschaft der Volksmarine. *(2.4.22.)* (Buntmetall, lackiert, Polyesterharzüberzug)

Fest der Neuerer und Meisterschaften der NVA 1967 *(2.4.23.)* (Plast)

2.4.19. Abzeichen Meisterschaften
der Grenztruppen im Skilauf
1963 und 1964

2.4.20. Abzeichen
Fußballclub „Vorwärts" Berlin

2.4.22. Abzeichen
ASG „Vorwärts" Stralsund

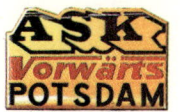

2.4.21. Abzeichen
ASK „Vorwärts" Potsdam

2.4.23. Medaille Fest der Neuerer und Meisterschaften der NVA
1967

 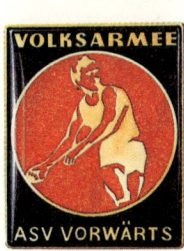

2.4.24. Abzeichen Fernwettkämpfe

Fernwettkämpfe
1960 rief die Redaktion der Zeitung „Volksarmee" dazu auf, in einem großen Sportwettbewerb fünf Bedingungen für das Sportabzeichen der DDR zu erfüllen. Damit war die Fernwettkampfidee geboren. Seit 1969 wurden vier Fernwettkämpfe ausgetragen: Kraftsportmehrkampf, Crosslauf, Leichtathletischer Dreikampf und Militärischer Dreikampf. Die Teilnehmer am Endausscheid erhielten die Abzeichen als Erinnerungsgeschenk. (2.4.24.)
(Buntmetall, lackiert, Polyesterharzüberzug)

Fußballclub FC „Vorwärts" Frankfurt (Oder)
Im August 1971 wurde der Fußballclub FC „Vorwärts" Berlin nach Frankfurt (Oder) verlegt und in Fußballclub FC „Vorwärts" Frankfurt (Oder) umbenannt. (2.4.25.)
(Stahlblech, emailliert oder lackiert mit Polyesterharzüberzug)

SKDA-Boxmeisterschaften 1972 (2.4.26.)
(Buntmetall, lackiert, Polyesterharzüberzug)

2.4.25. Abzeichen Fußballclub
„Vorwärts" Frankfurt (Oder)

2.4.26. Abzeichen
SKDA-Boxmeisterschaften 1972

2.4.27. Abzeichen
ASK „Vorwärts" Frankfurt (Oder)

2.4.28. Abzeichen 20 Jahre
SKDA

2.4.29. Abzeichen 25 Jahre Armeesportvereinigung „Vorwärts"
       Vorderseite   Rückseite

Armeesportklub „Vorwärts" Frankfurt (Oder)
Am 22. Juli 1973 wurde der Armeesportklub „Vorwärts" Frankfurt (Oder) gegründet. *(2.4.27.)*
(Stahlblech, lackiert, Polyesterharzüberzug)

20 Jahre SKDA 1978 *(2.4.28.)*
(Buntmetall, lackiert, Polyesterharzüberzug)

25 Jahre Armeesportvereinigung „Vorwärts" 1981 *(2.4.29.)*
(Buntmetall, lackiert, Polyesterharzüberzug)

III. Sportfest Gotha 1982 *(2.4.30.)*
(Plast)

IX. Winterspartakiade des Sportkomitees der befreundeten sozialistischen Armeen (SKDA) vom 7. bis 13. März 1983 in Oberhof. *(2.4.31.; 2.4.32.)*
(Buntmetall, lackiert, Polyesterharzüberzug)

2. SKDA-Meisterschaft Bobsport 1985 in Oberhof *(2.4.33.)*
(Buntmetall, lackiert)

ASG „Vorwärts" Löbau *(2.4.34.)*
(Buntmetall, emailliert)

ASG „Vorwärts" Meiningen *(2.4.35.)*
(Buntmetall, lackiert)

Sportorganisation Schwerin *(2.4.36.)*
(Plast)

ASG „Vorwärts" Dessau *(2.4.37.)*
(Buntmetall, emailliert)

ASV Bezirksorganisation Neubrandenburg *(2.4.38.)*
(Spange Stahlblech, emailliert, Anhänger Aluminium)

Literatur:

25 Jahre Armeesportvereinigung „Vorwärts", Berlin 1981;
25 Jahre Sportkomitee der befreundeten Armeen, Berlin 1982.

2.4.30. Abzeichen
III. Sportfest Gotha 1982

2.4.31. Massenabzeichen
IX. Winterspartakiade 1983

2.4.32. Abzeichen der
Delegationen und Offiziellen

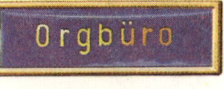
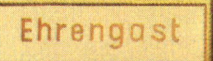

2.4.33. Abzeichen 2. SKDA-
Meisterschaft Bobsport 1985

2.4.34. Abzeichen
ASG „Vorwärts" Löbau

2.4.35. Abzeichen
ASG „Vorwärts" Meiningen

2.4.36. Abzeichen
Sportorganisation Schwerin

2.4.37. Abzeichen
ASG „Vorwärts" Dessau

2.4.38. Abzeichen ASV Bezirksorganisation
Neubrandenburg

67

2.5.1. *Abzeichen Armeemuseum der DDR*

2.5.3. *Abzeichen Militärverlag der DDR (VEB)*

2.5.2. *Abzeichen Wissenschaftliche Konferenz 1976*

2.5.4. *Solidaritätsabzeichen der Zeitschrift „Armeerundschau"*

2.5.5. *Abzeichen „SBOR 77"*

WEITERE ABZEICHEN

Armeemuseum der DDR

Die museale Einrichtung, gegründet am 1. März 1961 als Deutsches Armeemuseum in Potsdam, ist eine kulturpolitische und wissenschaftliche Institution der NVA, die Sachzeugen zur Militärgeschichte des deutschen Volkes bis 1945 sowie der DDR sammelt, erschließt und für breite Bevölkerungsschichten nutzbar macht. Zum Armeemuseum der DDR gehören auch das am 24. März 1972 eröffnete Armeemuseum Potsdam und die ständige Ausstellung auf der Festung Königstein. *(2.5.1.)*
(Buntmetall, emailliert)

Wissenschaftliche Konferenz im Armeemuseum der DDR
Vom 28. bis 30. Januar 1976 fand eine internationale wissenschaftliche Konferenz zu Fragen der musealen Darstellung der Militärgeschichte im Armeemuseum der DDR in Dresden statt. *(2.5.2.)*
(Buntmetall, lackiert)

Militärverlag der DDR

Der Verlag wurde am 25. Mai 1956 als Verlag des Ministeriums für Nationale Verteidigung mit Sitz in Berlin gegründet. Als eine kulturpolitische Einrichtung des Ministeriums für Nationale Verteidigung ist er der Fachverlag für Militärliteratur in der DDR. Am 15. August 1960 erfolgte seine Umbenennung in Deutscher Militärverlag, und seit dem 1. Juni 1973 trägt er die Bezeichnung Militärverlag der Deutschen Demokratischen Republik (VEB). *(2.5.3.)*
(Buntmetall, lackiert, Polyesterharzüberzug)

Armeerundschau

Das Soldatenmagazin der NVA erscheint seit 1956. Zur Unterstützung der antiimperialistischen Solidarität wurde ein Solidaritätsabzeichen der Zeitschrift „Armeerundschau" herausgegeben. *(2.5.4.)*
(Buntmetall, lackiert, Polyesterharzüberzug)

2.5.6. Abzeichen, Ehrenparade Dresden 1967
Vorderseite   Rückseite

2.5.7. Abzeichen V. Sozialistisches Armeefilmfestival 1970

2.5.8. Abzeichen XII. Internationales Film- und Fotofestival 1982

2.5.9. Abzeichen Gemeinsamer Weltraumflug

SBOR 77

Unter der Bezeichnung „SBOR 77" fand vom 29. August bis 3. September 1977 eine Beratung der Chefs der Pioniertruppen der Armeen des Warschauer Vertrages in der DDR statt. (2.5.5.)
(Buntmetall, lackiert, Polyesterharzüberzug)

Ehrenparade zum 50. Jahrestag der Großen Sozialistischen Oktoberrevolution 1967

Anläßlich des 50. Jahrestages der Großen Sozialistischen Oktoberrevolution fanden in Berlin, Rostock, Dresden, Erfurt und Magdeburg gemeinsame Paraden von Einheiten der NVA und der sowjetischen Streitkräfte statt. (2.5.6.) (Plast)

V. Sozialistisches Armeefilmfestival 1970

Vom 30. November bis 8. Dezember 1970 fand in Berlin das V. Sozialistische Armeefilmfestival der Teilnehmerstaaten des Warschauer Vertrages statt. (2.5.7.) (Buntmetall, emailliert)

XII. Internationales Film- und Fotofestival sozialistischer Armeen

Vom 15. bis 22. September 1982 fand in Rostock das XII. Internationale Film- und Fotofestival sozialistischer Armeen statt. (2.5.8.)
(Buntmetall, lackiert, Polyesterharzüberzug)

Gemeinsamer Weltraumflug UdSSR – DDR

Am 26. August 1978 flog das Raumschiff Sojus 31 zur Orbitalstation Salut 6. Die Besatzung bestand aus den Kosmonauten Oberst der Sowjetarmee W. F. Bykowski, Bürger der UdSSR, und Oberstleutnant der NVA Sigmund Jähn, Bürger der DDR. Diesem gemeinsamen Weltraumflug sind zahlreiche Abzeichen gewidmet. (2.5.9. bis 2.5.11.)
(Buntmetall, lackiert, Polyesterharzüberzug)
(Plast mit farbiger Papiereinlage)

Tagungszentrum des Ministeriums für Nationale Verteidigung

Am 2. Oktober 1985 wurde das Tagungszentrum des

2.5.12. Tagungszentrum des MfNV

2.5.10. Abzeichen Gemeinsamer Weltraumflug

MfNV (TAZ) eröffnet. *(2.5.12.)*
(Buntmetall, lackiert)

Stadtkommandantur Berlin

Zur Erinnerung an die friedenssichernden Maßnahmen vom 13. August 1961 gab die Stadtkommandantur Berlin ein Abzeichen heraus. *(2.5.13.)*
(Buntmetall)
Weitere Abzeichen wurden als Erinnerungsgeschenke herausgegeben. *(2.5.14.)*
(Buntmetall, Polyesterharzüberzug)

Erinnerungsabzeichen der Luftstreitkräfte/Luftverteidigung
Aus dem Bereich der Luftstreitkräfte/Luftverteidigung sind einige Erinnerungsabzeichen bekannt.
(2.5.15. Aluminium, lackiert)
(2.5.16. Buntmetall lackiert)
(2.5.17. Buntmetall, lackiert, Polyesterharzüberzug)

2. Fest der sozialistischen Soldatenfamilie
Haus der Armee Cottbus 1975 *(2.5.18.)*
(Buntmetall, lackiert)

3.–8. Fest der sozialistischen Soldatenfamilie
Haus der Armee Cottbus 1976–1981 *(2.5.19.)*
(Plast, verschiedenfarbig)

Abzeichen für Mitglieder der Jagdgesellschaften der NVA
Am 24. März 1977 erließ der Stellvertreter des Ministers und Chef der Rückwärtigen Dienste die Anordnung Nr. 7/77 über die Einführung eines Abzeichens für Mitglieder der Jagdgesellschaften der NVA.

Das Abzeichen wird von den Mitgliedern der Jagdgesellschaft der NVA zum Zeichen ihrer Mitgliedschaft getragen. Das schildförmige Abzeichen gleicht der Ehrennadel für besondere Leistungen im Jagdwesen der NVA. Es zeigt ein hellbraunes Rothirschgeweih auf silberfarbenem Hintergrund sowie zwei grüne Eichenlaubblätter mit einer Eichel. Im oberen Teil des Schildes ist die zweizeilige Inschrift „JAGDGESELLSCHAFT DER NVA" angebracht.

Das Abzeichen aus Buntmetall ist mit Polyesterharz überzogen *(2.5.20.)*.
Das Abzeichen darf nicht an der Uniform der NVA getragen werden.

2.5.11. Abzeichen 5. Jahrestag Gemeinsamer Weltraumflug

2.5.13. 13. August 1961

2.5.14. Abzeichen der Stadtkommandantur Berlin

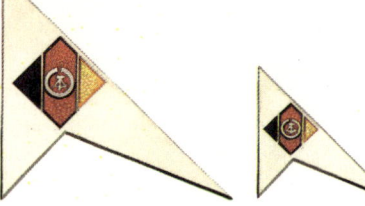

2.5.15. Abzeichen der Luftstreitkräfte/Luftverteidigung

2.5.16. Abzeichen des Hubschraubergeschwaders „Werner Seelenbinder"

2.5.17. Abzeichen des Jagdfliegergeschwaders „Wladimir Komarow"

2.5.18. Abzeichen zum 2. Fest der sozialistischen Soldatenfamilie

2.5.20. Abzeichen für Mitglieder der Jagdgesellschaft der NVA (seit 1977)

2.5.19. Abzeichen zum 3.–8. Fest der sozialistischen Soldatenfamilie

3. ABZEICHEN ZUR PATENSCHAFT DER FDJ ÜBER DIE BEWAFFNETEN ORGANE DER DDR

Eine besondere Bedeutung für die Erziehung der Jugend der DDR zur Verteidigungsbereitschaft hatte das IV. Parlament der FDJ. Unter der Losung „Bereit zur Arbeit und zur Verteidigung des Friedens" fand es vom 27. bis 30. Mai 1952 in Leipzig statt. Die 2 017 420 Mitglieder umfassende Jugendorganisation wurde auf dem Parlament durch 2 539 Delegierte vertreten. Die junge Generation sah die Verteidigung der demokratischen Errungenschaften der DDR als eine erstrangige Aufgabe der Jugend an.

Die Delegierten des IV. Parlaments beschlossen, daß die FDJ die Patenschaft über die Deutsche Volkspolizei übernimmt. Damit stellte sich der Jugendverband das Ziel, Klarheit über den Charakter und die Aufgaben der bewaffneten Kräfte der DDR zu schaffen sowie die bewußtesten Jugendlichen für den Ehrendienst zu gewinnen.

Diese Patenschaft war die bisher umfassendste Form, mit der die FDJ große Teile der Jugend in den Kampf zur Verwirklichung der Militärpolitik der SED einbezog. Viele FDJ-Generationen haben sich seitdem große Verdienste bei der Stärkung der Landesverteidigung der DDR erworben.

Auf der Grundlage der Beschlüsse des IV. Parlaments der FDJ entstanden zur Vorbereitung der Jugend auf die Verteidigung der Republik zahlreiche Interessengemeinschaften der FDJ, so unter anderem auch für Kleinkaliberschießen. In diesen konnten die Jugendlichen das Schießabzeichen der FDJ erwerben.

Der Zentralrat der Freien Deutschen Jugend zeichnete anläßlich des Weltjugendtages am 10. November 1954 zahlreiche FDJ-Mitglieder in Uniform mit dem Abzeichen „Ruhm und Ehre den besten jungen Patrioten" aus. Damit wurden die Leistungen der Angehörigen der Kasernierten Volkspolizei und der Deutschen Grenzpolizei bei der Niederschlagung des konterrevolutionären Putschversuches vom 17. Juni 1953 gewürdigt.

Aus der Zeit um 1956 ist das militärsportliche Leistungsabzeichen der FDJ bekannt. Es wurde in den Stufen III (Gold), II (Silber) und I (Bronze) verliehen.

Eine große Bewährungsprobe bestanden die FDJler in Uniform 1961. Zur Sicherung der Staatsgrenze der DDR übernahmen Truppenteile der NVA im Zusammenwirken mit der Deutschen Grenzpolizei,

3.1. Abzeichen
IV. Parlament der FDJ 1952
Stahlblech, lackiert

3.2. Schießabzeichen
der FDJ 1952, Stahlblech

3.3. Schießabzeichen
der FDJ 1953
Stahlblech, lackiert

3.4. Abzeichen
„Ruhm und Ehre den besten
jungen Patrioten" 1954,
Buntmetall, emailliert

3.5. Militärsportliches
Leistungsabzeichen der FDJ 1956,
Stahlblech, emailliert

3.6. Ehrenabzeichen
„Freiwilliger zum Schutz
der sozialistischen Heimat"
1961, Stahlblech, lackiert

der Bereitschaftspolizei, der Volkspolizei und den Kampfgruppen der Arbeiterklasse – unterstützt durch die in der DDR stationierten sowjetischen Streitkräfte – am 13. August 1961 den militärischen Schutz der Staatsgrenze der DDR zu Westberlin. Am 16. August 1961 beschloß der Zentralrat der FDJ das Aufgebot „Das Vaterland ruft – schützt die sozialistische Republik!". Darin wurden alle männlichen Jugendlichen zwischen 18 und 23 Jahren aufgefordert, sich freiwillig zum Ehrendienst in den bewaffneten Organen der DDR zu melden.

Der Zentralrat der FDJ stiftete im August 1961 das Ehrenabzeichen „Freiwilliger zum Schutz der sozialistischen Heimat" und die Medaille „Kampfauftrag der FDJ – August 1961". Diese wurden an Jugendliche verliehen, die sich nach der Sicherung der Staatsgrenze zu Westberlin bereit erklärten, kurzfristig in die bewaffneten Organe einzutreten. 15 524 Soldaten und Unteroffiziere beantworteten den Kampfauftrag der FDJ mit der Losung „Das Vaterland rief – wir kamen! Das Vaterland ruft – wir bleiben, schützen und verteidigen die Grenzen der Deutschen Demokratischen Republik!". Mehr als die Hälfte jener, deren freiwillige Dienstzeit im

3.7. Medaille „Kampfauftrag der
FDJ – August 1961"
1961, Stahlblech, emailliert

3.8. Ehrenabzeichen
„Wir dienen länger"
1961, Stahlblech, emailliert

3.9. Teilnehmerabzeichen
„Hans-Beimler-Wettkampf
der FDJ" 1968–1978
(Stufe I, II und III)
Stahlblech

3.10. Hans-Beimler-Ehrenabzeichen
Buntmetall, lackiert

3.12. Medaille „Signal DDR 20"
1969, Buntmetall, emailliert

3.11. Abzeichen „Signal DDR 20"
1969, Aluminium, lackiert

Herbst 1961 ablief, entschieden sich, mindestens ein Jahr länger zu dienen.
Der Zentralrat der FDJ stiftete im August 1961 das Ehrenabzeichen „Wir dienen länger". Es wurde an Soldaten und Unteroffiziere der Nationalen Volksarmee verliehen, die freiwillig nach dem Ablauf ihrer Dienstzeit weiter dienten.
Am 18. August 1961 wurde im Abschlußbericht von FDJ, GST und DTSB über das Aufgebot „Das Vaterland ruft – schützt die sozialistische Republik" mitgeteilt, daß sich 253 061 Jugendliche bereit erklärt hatten, in den bewaffneten Organen der DDR ihren Dienst zu versehen.
Auf der Grundlage eines Beschlusses des Zentralkomitees der SED vom 11. Januar 1967 vereinbarten der Zentralrat der FDJ, der Zentralvorstand der GST und das Ministerium für Volksbildung, jährlich für die Schüler der 8. bis 10. Klassen die Hans-Beimler-Wettkämpfe der FDJ durchzuführen. Damit soll die Aneignung hoher wehrsportlicher und wehrpolitischer Kenntnisse und Fertigkeiten der FDJ-Mitglieder gefördert werden. Seit 1979 gelten die Hans-Beimler-Wettkämpfe nur noch für die Schülerinnen und Schüler der 8. Klassen, während in den 9. und 10. Klassen der Wehrunterricht eingeführt wurde. Im Rahmen der Hans-Beimler-Wettkämpfe werden wehrsportliche Einzel- und Mannschaftswettkämpfe, Geländespiele, Luftgewehr- und Kleinkaliberschießen durchgeführt.
Am 14. Januar 1969 wurde an der Jugendhochschule „Wilhelm Pieck" die gemeinsam vom Zentralrat der FDJ und vom Zentralvorstand der GST in Vorbereitung auf den 20. Jahrestag der DDR ins Leben gerufene wehrsportliche und wehrpolitische Aktion „Signal DDR 20" eröffnet. Schirmherr dieser Aktion war der Minister für Nationale Verteidigung der DDR. Insgesamt beteiligten sich an dieser Aktion über 2,5 Millionen Jugendliche.
Anläßlich des 20. Jahrestages der Übernahme der Patenschaft über die bewaffneten Kräfte stiftete der Zentralrat der FDJ 1972 die Medaille „Bekenntnis und Tat zum Schutz der DDR". Diese wurde in Anerkennung und Würdigung ausgezeichneter Leistungen in der Wehrerziehung verliehen.
Später wurde die Bezeichnung der Medaille geändert in „Bekenntnis und Tat zum Schutz des Sozialismus". Gleichzeitig wurde die Rückseite der Medaille verändert.

3.13. Medaille „Bekenntnis und Tat zum Schutz der DDR"
1972, Buntmetall, lackiert

3.14. veränderte Rückseite

3.15. Abzeichen „FDJ-Bewerberkollektiv für militärische Berufe"
Buntmetall oder Stahlblech, lackiert, Polyesterharz

Am 14. September 1972 faßte der Zentralrat der FDJ den Beschluß zur Bildung von FDJ-Bewerberkollektiven für militärische Berufe an den Polytechnischen und Erweiterten Oberschulen sowie Betriebsberufsschulen. Ihre Hauptaufgabe besteht darin, junge Berufsoffiziers-, Fähnrich- und Berufsunteroffiziersbewerber auf das Studium bzw. die Ausbildung an einer Lehreinrichtung der NVA oder der Grenztruppen der DDR vorzubereiten. 1973 wurde das Abzeichen „FDJ-Bewerberkollektiv für militärische Berufe" gestiftet, und seit 1974 wird dieses bei Aufnahme in das Bewerberkollektiv übergeben.
Die bronze- und silberfarbenen Exemplare sind Muster, es wurden nur goldfarbene Stücke verliehen.
 Am 9. Januar 1974 rief der Zentralrat der FDJ zur wehrpolitischen Massenaktion „Signal DDR 25" in Vorbereitung des 25. Jahrestages der DDR auf. Schirmherr dieser Aktion war wiederum der Minister für Nationale Verteidigung der DDR.
Am 24. Februar 1979 wurde die wehrpolitische und wehrsportliche Massenaktion „Signal DDR 30" auf einem Kampfappell in Erfurt vom Stellvertreter des Ministers für Nationale Verteidigung der DDR und

3.16. Abzeichen „Signal DDR 25"
1974, Aluminium, lackiert

3.17. Medaille „Signal DDR 25"
1974, Buntmetall, lackiert

3.18. Abzeichen „Feldlager der verteidigungsbereiten Jugend"
1974, Buntmetall, lackiert

3.19. Abzeichen
„Signal DDR 30"
1979, Aluminium, lackiert

3.20. Abzeichen
„Signal DDR 30"
1979, Buntmetall, lackiert,
Polyesterharz

3.21. Abzeichen „Für gutes Wissen" in zeitlichen Varianten
aus Buntmetall oder Stahlblech, emailliert bzw. lackiert
mit Polyesterharz

Chef der Politischen Hauptverwaltung der NVA, Generaloberst Heinz Keßler, eröffnet.

An dieser Aktion nahmen bis zum 3. Juni 1979 mehr als 2,2 Millionen Mitglieder der FDJ, der GST sowie Thälmannpioniere teil.

Eine wichtige Rolle in der Geschichte der NVA nahm zu jeder Zeit das im Oktober 1949 vom Zentralrat der FDJ gestiftete Abzeichen „Für gutes Wissen" ein. In allen Phasen der Entwicklung der Streitkräfte gehörte es zu den „Soldatenauszeichnungen", die im sozialistischen Wettbewerb von Soldaten und Unteroffizieren neben Bestenabzeichen, Klassifizierungsabzeichen, Schützenschnur und Militärsportabzeichen erworben wurden.

Literatur:

D. Herfurth „Mit Gewehr und Ringscheibe". In: Visier, H. 8/1982; Geschichte der Freien Deutschen Jugend, Berlin 1982; Zeittafel zur Geschichte der GST, Berlin 1982.

Weiterführende Literatur
Zeittafel militärpolitischer und militärischer Ereignisse 1945 bis 1964, Berlin 1965; Zeittafel zur Militärgeschichte der DDR 1949 bis 1968, Berlin 1969; Zeittafel zur Militärgeschichte der Deutschen Demokratischen Republik 1969 bis 1977, Berlin 1979; Zeittafel zur Militärgeschichte der Deutschen Demokratischen Republik 1949 bis 1984, Berlin 1985; Armee für Frieden und Sozialismus. Geschichte der Nationalen Volksarmee, Berlin 1985; Wörterbuch zur Deutschen Militärgeschichte, 2 Bde., Berlin 1985; Frank Bartel, Jürgen Karpinski Auszeichnungen der Deutschen Demokratischen Republik. Von den Anfängen bis zur Gegenwart, Berlin 1979.

4. MATERIALBESCHAFFENHEIT

Die Abzeichen der ersten Schützenschnüre (1957) wurden von der Firma Stanzila in Dresden hergestellt. In den Jahren 1958 bis 1960 übernahm der VEB Präwema in Markneukirchen, der bereits alle anderen Abzeichen aus Metall fertigte, auch diese Produktion und ist seitdem der bedeutendste Produzent für Metallabzeichen in der Deutschen Demokratischen Republik.

Das vorliegende Buch gibt somit auch einen Überblick über die Entwicklung der Produktionstechnologie dieses Betriebes. Wichtigstes Material zur Herstellung der Abzeichen waren Stahl- oder Buntmetallbleche.

Ausgangsmaterial bildete das Stahlblech, dessen magnetische Eigenschaften bei der Prüfung mit einem Magnet nachgewiesen werden können. Bei einem Großteil der magnetischen Abzeichen erfolgte die Herstellung aus plattiertem Stahlblech. Dabei handelt es sich um Stahlblech, dem beidseitig ein zweites Metall in einer Dicke von je 7,5 Prozent des Stahlkerns aufgewalzt wurde. Verwendete man in der Vergangenheit tombakplattiertes Stahlblech mit einem Kupfergehalt von 90 Prozent, so werden die Abzeichen in der gegenwärtigen Zeit aus messingplattiertem Stahlblech mit 63 Prozent Kupfergehalt (CuZn 37) hergestellt.

Abzeichen, die über keine magnetischen Eigenschaften verfügen, bestehen aus Buntmetall. Dabei kommen Aluminium (Reinst, Aluminiumgehalt 99,5 Prozent), Messingblech (Cu Zn) und Tombak (90 bis 95 Prozent Kupfer, 5 bis 10 Prozent Zink) zum Einsatz. Da bei Abzeichen aus diesen Materialien eine nachträgliche Materialbestimmung schwierig ist, wird im Text der Sammelbegriff Buntmetall verwendet.

Bei über einen längeren Zeitraum produzierten Abzeichen besteht die Möglichkeit, daß Exemplare aus Stahlblech und aus Buntmetall hergestellt wurden, was auf den unterschiedlichen Werkstoffeinsatz im Herstellerbetrieb zurückzuführen ist.

Alle Abzeichen sind galvanisch oberflächenveredelt. Sie wurden verkupfert, versilbert bzw. vernickelt, vergoldet bzw. vermessingt.

5. VERZEICHNIS DER ABZEICHEN

1. Die militärischen Auszeichnungen in Abzeichenform

1.1. Leistungsabzeichen

Leistungsabzeichen der Deutschen Grenzpolizei	(1954–1959)	10
	(1959–1962)	10
Leistungsabzeichen der Grenztruppen der DDR – Miniatur	(seit 1962)	10
Leistungsabzeichen der Kasernierten Volkspolizei	(1954–1956)	9
Leistungsabzeichen der Nationalen Volksarmee	(1956–1959)	10
	(seit 1959)	10
Trageweise	(1960–1972)	12
	(bis 1960 und seit 1972)	12

1.2. Dienstlaufbahnabzeichen

Abzeichen für freiwillige Helfer der Grenztruppen der DDR	(seit 1983)	17
Brustabzeichen für fliegendes Personal	(1953–1957)	13
Dienstlaufbahnabzeichen Flugzeugmechaniker	(Ärmelabzeichen)	16
für Soldaten und Unteroffiziere	(Sonderanfertigung)	16
Dienstlaufbahnabzeichen für Flugzeugführer	(1957–1960)	13
	(Muster)	13
	(1960–1967)	15
	(Muster)	15
	(1967–1983)	16
Dienstlaufbahnabzeichen für Flugzeugtechniker	(1957–1960)	14
	(Muster)	14
	(1960–1967)	15
	(Muster)	15
Dienstlaufbahnabzeichen für Leiter des Fallschirmdienstes	(1957–1960)	13
	(Muster)	14
Dienstlaufbahnabzeichen für Offiziere des Fallschirmdienstes	(1960–1967)	15
	(1967–1983)	16
Dienstlaufbahnabzeichen für Offiziere des ingenieurtechnischen Dienstes	(Variante)	17
Dienstlaufbahnabzeichen für Steuerleute	(1960–1967)	15
Postenführerabzeichen der Deutschen Grenzpolizei	(Entwurfsmuster)	17
Trageweise	(1957–1960)	12
	(1960–1983)	15

1.3. Klassifizierungsabzeichen

Allgemeines Klassifizierungsabzeichen der Grenztruppen der DDR	(seit 1986)	31
Allgemeines Klassifizierungsabzeichen der Nationalen Volksarmee	(seit 1986)	31
Einheitliches Klassifizierungsabzeichen	(1963–1985)	26
Flugstundenanhänger für Hubschrauberführer und Flugzeugführer der Transportfliegerkräfte	(1974–1985) (Muster) (seit 1986)	24 30 30
Flugstundenanhänger für Flugzeugführer der Jagd-, Jagdbomben- und Aufklärungsfliegerkräfte	(Muster) (seit 1986)	30 30
Klassifizierungsabzeichen für Angehörige des Fallschirmdienstes	(1960–1963)	22
Klassifizierungsabzeichen für Artillerie und Sperrwaffen	(seit 1986)	28
Klassifizierungsabzeichen für Diensthundeführer	(seit 1966)	21
Klassifizierungsabzeichen für Fahrer und Kommandanten von Schwimmwagen	(1960–1963)	19
Klassifizierungsabzeichen für Fahrer von Schützenpanzerwagen und Kraftfahrer	(1960–1963)	19
Klassifizierungsabzeichen für Fliegeringenieurtechnisches Personal der Luftstreitkräfte	(1968–1985)	26
Klassifizierungsabzeichen für Fliegeringenieurdienst	(seit 1986)	30
Klassifizierungsabzeichen für Flugzeug- und Hubschrauberführer	(seit 1986)	29
Klassifizierungsabzeichen für Flugzeugführer mit Flugstundenanhänger für Jagdflieger und Jagdbombenfliegerkräfte	(1974–1985)	24
Klassifizierungsabzeichen für Flugzeugführer	(Muster) (1960–1963) (1963–1964) (1964–1974)	22 22 23 23
Klassifizierungsabzeichen für Funker	(Muster)	20
Klassifizierungsabzeichen für Funker und Fernschreiber	(1960–1963)	20
Klassifizierungsabzeichen für Funkorter der Luftstreitkräfte	(1960–1963) (Variante)	23 23
Klassifizierungsabzeichen für Funkorter und Hydroakustiker der Seestreitkräfte	(1960–1963)	20
Klassifizierungsabzeichen für Kfz-Dienst	(seit 1986)	29
Klassifizierungsabzeichen für Kommandanten von Kampfschiffen und Kampfbooten	(1960–1963)	20
Klassifizierungsabzeichen – Miniaturen	(1964–1985) (1968–1985)	26 26
Klassifizierungsabzeichen für mot. Schützen	(seit 1986)	27
Klassifizierungsabzeichen für Nachrichten-, Funkmeß-, Waffenleit- und Führungstechnik sowie Technik des Funkelektronischen Kampfes	(seit 1986)	28
Klassifizierungsabzeichen für Offiziere der Volksmarine	(1963–1985)	24
Klassifizierungsabzeichen für Panzerfahrer	(1958–1960) (1960–1963)	18 18
Klassifizierungsabzeichen für Panzerfahrer und Fahrer von Schützenpanzern BMP	(1963–1985)	24
Klassifizierungsabzeichen für Panzer, Ketten- und Panzertechnik	(seit 1986)	27
Klassifizierungsabzeichen für Pionierwesen und Chemische Dienste	(seit 1986)	29
Klassifizierungsabzeichen für Raketen- und Waffentechnischen Dienst	(seit 1986)	29
Klassifizierungsabzeichen für Raketentruppen, Fla-Raketentruppen und Truppenluftabwehr	(seit 1986)	28
Klassifizierungsabzeichen für Rückwärtige Dienste	(seit 1986)	28
Klassifizierungsabzeichen für Schiffsmaschinenpersonal	(seit 1986)	31
Klassifizierungsabzeichen für Seemännisches Personal	(seit 1986)	30
Klassifizierungsabzeichen für Signäler	(1960–1963)	21
Klassifizierungsabzeichen für Spezialtaucher der Seestreitkräfte	(1960–1963)	21
Klassifizierungsabzeichen für Steuerleute	(1960–1963)	22
Klassifizierungsabzeichen für Taucher	(1960–1963)	21
Trageweise		18

1.4. FALLSCHIRMSPRUNGABZEICHEN

Fallschirmsprungabzeichen	(seit 1973)	33
Fallschirmsprungabzeichen mit Anhänger	(1967–1973) (Muster)	32 32

Miniatur zum Fallschirmsprungabzeichen	(1967–1973) (seit 1973)	32 33
Trageweise		32

1.5. ABZEICHEN „FÜR GROSSE FAHRT"

Abzeichen „Für große Fahrt"	(seit 1981)	33
Trageweise		33

1.6. BESTENABZEICHEN

Bestenabzeichen der Grenztruppen der DDR	(1981–1985) (Muster) (seit 1986)	38 38 38
Bestenabzeichen der Nationalen Volksarmee	(1964–1985) (Muster) (seit 1986)	34 36 36
Bestenabzeichen der Zivilverteidigung	(seit 1971)	36
Trageweise		34
Wiederholungsanhänger zum Bestenabzeichen der Nationalen Volksarmee	(1969–1982) (1982–1985)	34 34
Wiederholungsanhänger zum Bestenabzeichen der Zivilverteidigung	(1981–1985) (seit 1985)	36 36

1.7. MILITÄRSPORTABZEICHEN

Kampfsportnadel der Nationalen Volksarmee	(1966–1968)	39
Militärsportabzeichen	(seit 1969) (Muster)	40 40
Sportabzeichen der DDR	(Varianten)	38/39
Trageweise des Militärsportabzeichens		40

1.8. SCHÜTZENSCHNUR

Abzeichen für Schützenschnur Artillerie	(1957–1960) (seit 1986)	42 45
Abzeichen für Schützenschnur Panzer	(1957–1960)	42
Abzeichen für Schützenschnur Schützenwaffen	(seit 1957) (seit 1986)	41 44
Abzeichen für Schützenschnur Schützenwaffen der Seestreitkräfte	(seit 1957)	42
Abzeichen für Schützenschnur Schützenwaffen der Grenztruppen der DDR	(seit 1986)	44
Abzeichen für Schützenschnur Turmbewaffnung Panzer	(seit 1986)	45
Abzeichen für Schützenschnur Turmbewaffnung SPz/SPW	(seit 1986)	45
Abzeichen für Schützenschnur Torpedo der Seestreitkräfte	(1957–1960) (Muster)	43 43
Schützenschnur ohne Abzeichen für Deutsche Grenzpolizei, Bereitschaftspolizei, VP-Bereitschaften Berlin	(1959–1961)	43
Schützenschnur ohne Abzeichen mit Eichel	(seit 1957)	41
Schützenschnur ohne Abzeichen für Deutsche Grenzpolizei – See	(1959–1961)	43
Schützenschnur für Seestreitkräfte, ohne Abzeichen, mit Eichel	(seit 1957)	42
Trageweise der Schützenschnur	(1957–1979) (seit 1979)	45 45
Trageweise der Schützenschnur Seestreitkräfte/Volksmarine	(seit 1957)	45

1.9. ABSOLVENTENABZEICHEN

Absolventenabzeichen der Militärakademie „Friedrich Engels"	(1962–1975) (1975–1986) (seit 1987)	46 46 46
Absolventenabzeichen der Militärmedizinischen Sektion an der Ernst-Moritz-Arndt-Universität	(1965–1975) (1975–1986)	46 46
Absolventenabzeichen der Militärpolitischen Hochschule „Wilhelm Pieck"	(1975–1986) (seit 1987)	48 48
Absolventenabzeichen der Sektion Militärisches Transport- und Nachrichtenwesen an der Hochschule für Verkehrswesen „Friedrich List"	(1975–1986)	49
Absolventenabzeichen für Offiziere, die eine Ausbildung mit Diplom oder eine Facharztausbildung an militärischen Hochschuleinrichtungen oder Universitäten und Hochschulen der DDR abgeschlossen haben	(seit 1987)	50
Absolventenabzeichen für Offiziere, die eine Ausbildung zum Berufsoffizier an militärischen Hochschuleinrichtungen oder Universitäten und Hochschulen der DDR abgeschlossen haben	(seit 1987)	49
Absolventenabzeichen für Offiziere der Nationalen Volksarmee, die eine zivile Hochschule oder Universität mit einem Diplom abgeschlossen haben Trageweise	(1970–1975) (1975–1982) (1982–1986)	48 48 48 50

1.10. RESERVISTENABZEICHEN

Reservistenabzeichen	(1966–1968) (seit 1968)	50 51

1.11. EHRENNADELN

Ehrennadel der Armeesportvereinigung „Vorwärts"	(seit 1963)	52

Ehrennadel für besondere Leistungen im Jagdwesen der Nationalen Volksarmee	(seit 1977)	52
Ehrennadel für Verdienste in der sozialistischen Wehrerziehung	(seit 1976)	52

2. Zu besonderen Anlässen herausgegebene Abzeichen

2.1. JAHRESTAGE

Abzeichen 35 Jahre Grenztruppen der DDR	(1981)	56
Abzeichen 40 Jahre Grenztruppen der DDR	(1986)	56
Abzeichen 2 Jahre Nationale Volksarmee	(1958)	54
Abzeichenserie 10 Jahre Nationale Volksarmee	(1966)	54/55
Abzeichen 20 Jahre Nationale Volksarmee	(1976)	55
Abzeichen 20 Jahre Nationale Volksarmee – Internationale Großveranstaltung im VEB Fahrzeugwerk Waltershausen	(1976)	55
Abzeichen 25 Jahre Nationale Volksarmee	(1981)	55
Abzeichen 30 Jahre Nationale Volksarmee	(1986)	55
Abzeichen 25 Jahre Warschauer Vertrag	(1980)	56
Abzeichen 30 Jahre Warschauer Vertrag (UdSSR)	(1985)	57
Abzeichen 30 Jahre Warschauer Vertrag (DDR)	(1984)	57
Abzeichen 25 Jahre Zivilverteidigung	(1983)	56
10 Jahre Torpedoschnellboote	(1969)	57

2.2. MANÖVER

Abzeichen Gemeinsame Truppenübung „Freundschaft 82"	(1982)	58
Abzeichen Gemeinsame Truppenübung „Freundschaft 84"	(1984)	59
Abzeichen Gemeinsame Truppenübung „Freundschaft 85"	(1985)	59
Abzeichen Gemeinsame Truppenübung „Schild 72"	(1972)	58
Abzeichen Gemeinsame Truppenübung „Schild 76"	(1976)	58
Abzeichen Gemeinsame Truppenübung „Schild 82"	(1982)	59
Abzeichen Gemeinsame Truppenübung „Schild 84"	(1984)	59
Abzeichen Gemeinsame Truppenübung „Waffenbrüderschaft 80" (DDR)	(1980)	59
Abzeichen Gemeinsame Truppenübung „Waffenbrüderschaft 80" (VRP)	(1980)	59
Abzeichen Manöver „Moldau"	(1966)	57
Abzeichen Manöver „Oder-Neiße 69" (VRP)	(1969)	57
Abzeichen Manöver „Oder-Neiße 69" (ČSSR)	(1969)	57
Abzeichen Manöver „Waffenbrüderschaft"	(1970)	58
Abzeichen Manöver „Quartett"	(1963)	57

2.3. SOZIALISTISCHER WETTBEWERB IN DER NVA

Abzeichen Wettbewerbsinitiative „Kampfauftrag 72 – Für den Schutz der Arbeiter-und-Bauern-Macht" 1971/72	60
Abzeichen Wettbewerbsinitiative „Kampfkurs X – Wachsam und gefechtsbereit" 1972/73	60
Abzeichen Wettbewerbsinitiative „Kampfkurs IX. Parteitag – Als Klassenkämpfer bewähren – das Militärwesen meistern – jederzeit gefechtsbereit" 1975/76	60
Abzeichen Wettbewerbsinitiative „Kampfkurs 77 – Stets wachsam, kampfstark und gefechtsbereit" 1976/77	61
Abzeichen Wettbewerbsinitiative „Kampfposition 80 – Mit den Waffenbrüdern vereint – stets wachsam und gefechtsbereit" 1979/80	61
Abzeichen Wettbewerbsinitiative „Kampfposition X. Parteitag – Für hohe Gefechtsbereitschaft – alles zum Wohle des Volkes" 1980–1984	61
Abzeichen Wettbewerbsinitiative „Salut 25 – Jederzeit gefechtsbereit" 1970/71	60
Abzeichen Wettbewerbsinitiative „Salut DDR 30 – Für unser sozialistisches Vaterland – wachsam und gefechtsbereit" 1978/79	61
Abzeichen Wettbewerbsinitiative „Soldatenauftrag XXV – Wie Thälmann kampfentschlossen – jederzeit gefechtsbereit" 1973/74	60
Abzeichen Wettbewerbsinitiative „Soldatenbekenntnis 78 – Für unser sozialistisches Vaterland – wachsam und gefechtsbereit" 1977/78	61
Abzeichen Wettbewerbsinitiative „Soldateninitiative 75 – Mit den Waffenbrüdern vereint – kampfstark und gefechtsbereit" 1974/75	60
Abzeichen Wettbewerbsinitiative „Soldatentat XI. Parteitag – Jederzeit gefechtsbereit für Frieden und Sozialismus" seit 1984	61
Qualitätsstern der Luftstreitkräfte/Luftverteidigung	61
Wimpel mit Qualitätssternen der Luftstreitkräfte/Luftverteidigung	61

2.4. ARMEESPORTVEREINIGUNG „VORWÄRTS"

Abzeichen ASG „Vorwärts" Dessau	67
Abzeichen ASK „Vorwärts" Frankfurt (Oder)	66
Abzeichen ASG „Vorwärts" Löbau	67

Abzeichen ASG „Vorwärts" Meiningen	67
Abzeichen ASK „Vorwärts" Oberhof	63
Abzeichen ASK „Vorwärts" Potsdam	65
Abzeichen ASK „Vorwärts" Rostock	63
Abzeichen ASG „Vorwärts" Stralsund	65
Abzeichen III. Armeemeisterschaften im Skilauf 1959	63
Abzeichen ASV Bezirksorganisation Neubrandenburg	67
Abzeichen der ASV „Vorwärts"	62
Abzeichen der Delegationen und Offiziellen (I. Sommerspartakiade 1958)	63
Abzeichen der Delegationen und Offiziellen (IX. Winterspartakiade 1983)	67
Abzeichen Fernwettkämpfe	65
Abzeichen Fußballclub „Vorwärts" Berlin	65
Abzeichen Fußballclub „Vorwärts" Frankfurt (Oder)	65
Abzeichen Internationales Armeesportfest 1957	62
Abzeichen 25 Jahre Armeesportvereinigung „Vorwärts"	66
Abzeichen 20 Jahre SKDA	66
Abzeichen II. Kultur- und Sportfest der Nationalen Volksarmee	63
Abzeichen Meisterschaften der Grenztruppen im Skilauf 1963 und 1964	65
Abzeichen SKDA	63
Abzeichen I. SKDA-Meisterschaft im Turnen 1960	64
Abzeichen 2. SKDA-Meisterschaft Bobsport 1985	67
Abzeichen SKDA-Boxmeisterschaften 1972	65
Abzeichen II. Sommerspartakiade 1962	64
Abzeichen II. Sommersportmeisterschaften der DGP 1957	62
Abzeichen SK und ZSK „Vorwärts" KVP	62
Abzeichen Sportfest der Jungen Pioniere zum II. Internationalen Armeesportfest 1959	63
Abzeichen III. Sportfest Gotha 1982	67
Abzeichen Sportorganisation Schwerin	67
Abzeichen I. Winterspartakiade 1961	64
Kampfsportabzeichen der 4. Grenzbrigade	64
Massenabzeichen der IX. Winterspartakiade 1983	67
Medaille Fest der Neuerer und Meisterschaften der Nationalen Volksarmee 1967	65
Medaille 1. Spartakiade der SV „Vorwärts" der KVP	61
Sportfest der Nationalen Volksarmee 1961	64
Teilnehmerabzeichen I. Sommerspartakiade 1958	63

2.5. WEITERE ABZEICHEN

Abzeichen Armeemuseum der DDR	68
Abzeichen der Luftstreitkräfte/Luftverteidigung	71
Abzeichen der Stadtkommandantur Berlin	71
Abzeichen des Hubschraubergeschwaders „Werner Seelenbinder"	71
Abzeichen des Jagdfliegergeschwaders „Wladimir Komarow"	71
Abzeichen 13. August 1961	71
Abzeichen Ehrenparade Dresden 1967	69
Abzeichen Gemeinsamer Weltraumflug	69/70
Abzeichen XII. Internationales Film- und Fotofestival 1982	69
Abzeichen 5. Jahrestag Gemeinsamer Weltraumflug	71
Abzeichen Militärverlag der DDR (VEB)	68
Abzeichen V. Sozialistisches Armeefilmfestival 1970	69
Abzeichen „SBOR 77"	68
Abzeichen Tagungszentrum des MfNV	70
Abzeichen Wissenschaftliche Konferenz 1976	68
Abzeichen für Mitglieder der Jagdgesellschaft der Nationalen Volksarmee	71
Solidaritätsabzeichen der Zeitschrift „Armeerundschau"	68
Abzeichen zum 2. Fest der sozialistischen Soldatenfamilie	71
Abzeichen zum 3.–8. Fest der sozialistischen Soldatenfamilie	71

3. Abzeichen zur Patenschaft der FDJ über die bewaffneten Organe der DDR

Abzeichen „FDJ-Bewerberkollektiv für militärische Berufe"	(1974)	75
Abzeichen „Feldlager der verteidigungsbereiten Jugend"	(1974)	75
Abzeichen „Für gutes Wissen" Varianten		76
Abzeichen „Ruhm und Ehre den besten jungen Patrioten"	(1954)	73
Abzeichen „Signal DDR 20"	(1969)	74
Abzeichen „Signal DDR 25"	(1974)	75
Abzeichen „Signal DDR 30"	(1979)	76
Abzeichen IV. Parlament der FDJ	(1952)	73
Ehrenabzeichen „Freiwilliger zum Schutz der sozialistischen Heimat"	(1961)	73

Ehrenabzeichen „Wir dienen länger"	(1961)	74
Hans-Beimler-Ehrenabzeichen		74
Medaille „Bekenntnis und Tat zum Schutz der DDR"	(1972–1976)	75
Medaille „Bekenntnis und Tat zum Schutz des Sozialismus"	(seit 1976)	75
Medaille „Kampfauftrag der FDJ – August 1961"	(1961)	73
Medaille „Signal DDR 20"	(1969)	74
Medaille „Signal DDR 25"	(1974)	75
Militärsportliches Leistungsabzeichen der FDJ	(1956)	73
Schießabzeichen der FDJ	(1952)	73
	(1953)	73
Teilnehmerabzeichen „Hans-Beimler-Wettkampf der FDJ"		74

6. VERZEICHNIS DER ABKÜRZUNGEN

AMBl	Anordnungs- und Mitteilungsblatt	KVP	Kasernierte Volkspolizei
ASG	Armeesportgemeinschaft	MdI	Ministerium des Innern
ASK	Armeesportklub	MfNV	Ministerium für Nationale Verteidigung
ASV	Armeesportvereinigung	NVA	Nationale Volksarmee
ČSSR	Tschechoslowakische Sozialistische Republik	SED	Sozialistische Einheitspartei Deutschlands
		SK	Sportklub
DDR	Deutsche Demokratische Republik	SKDA	Sportkomitee der befreundeten Armeen
DGP	Deutsche Grenzpolizei	SRR	Sozialistische Republik Rumänien
DV	Dienstvorschrift	UdSSR	Union der Sozialistischen Sowjetrepubliken
FDJ	Freie Deutsche Jugend	UVR	Ungarische Volksrepublik
FC	Fußballclub	VRB	Volksrepublik Bulgarien
GST	Gesellschaft für Sport und Technik	VRP	Volksrepublik Polen
		ZSK	Zentraler Sportklub